读故事学经典系列

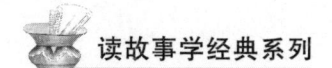

读故事 学宋词名句

【涵盖教育部推荐背诵篇目】

邵勋潜 编著

花山文艺出版社

图书在版编目(CIP)数据

读故事学宋词名句 / 邵勋潜著. —— 石家庄：花山文艺出版社, 2006 (2021.8 重印)
("读·品·悟"读故事学经典系列)
ISBN 978-7-80673-873-3

Ⅰ.①读… Ⅱ.①邵… Ⅲ.①宋词–青少年读物
Ⅳ.①I222.844

中国版本图书馆 CIP 数据核字(2006)第 091471 号

丛 书 名	读故事学经典系列
书　　名	读故事学宋词名句
编 著 者	邵勋潜
策　　划	张采鑫
责任编辑	卢水淹
责任校对	贾　伟
特约编辑	李文生
装帧设计	红十月工作室
出版发行	花山文艺出版社（邮政编码：050061）
	（河北省石家庄市友谊北大街 330 号）
销售热线	0311-88643221
传　　真	0311-88643234
印　　刷	永清县晔盛亚胶印有限公司
经　　销	新华书店
开　　本	720×980　1/16
字　　数	220 千字
印　　张	13
版　　次	2006 年 8 月第 1 版
	2021 年 8 月第 2 次印刷
书　　号	ISBN 978-7-80673-873-3
定　　价	39.90 元

（版权所有　翻印必究·印装有误　负责调换）

前　言

　　中国的宋词,灿烂夺目,情感丰富,意境深远,是中国传统文化宝库中的珍贵遗产;而宋词名句,则是宋词中的精华。这些名句一是蕴含着深刻的人生哲理。不少名句是作者饱经沧桑和坎坷之后对人生社会的深刻认识,又经过千锤百炼的艺术加工,今天读来仍然可以帮助我们更好地认识、理解和把握人生社会。二是有很强的艺术感染力。这些名句,有的读之令人胸襟洒脱,壮怀激烈,热血奔涌;有的如小桥流水,清风明月,读之令人赏心悦目,心旷神怡;也有的缠绵悱恻,感情深挚,读之令人感慨震撼,刻骨铭心。三是具有强大的生命力。千百年来,尽管日换星移,沧海桑田,人类社会发生了巨大的变化,但这些名句仍能传诵至今,足以证明它们是中华文学宝库中的璀璨明珠。

　　常言道:腹有诗书气自华。经典宋词名句是每个中国人所必备的。然而,今天的大多数中学生却由于语言、时代的隔膜,对传统中国文学的精萃缺乏应有的了解。他们在这方面书读得不多,背得更少,这使他们身上少了作为文明古国的国民所应有的书卷气,难怪一些中学生在写作时语言乏味、词不敷用。

　　为了能够帮助中学生增长知识,提高文学素养和写作能力,我们精选了100句最为脍炙人口的宋词名句,涵盖教育部推荐的背诵篇目,用轻松新颖的形式,帮助同学们更好地理解宋词经典,编著了这本《读故事　学宋词名句》。

　　本书在体例上分为八部分:

　　一是"名句和拼音"。书中的每一名句都有注音。由于对名句中的个别词语有不同的理解,我们择善而从,尽量按照通常的理解来注音。

　　二是"出典"。每一名句都标明作者和篇目。

　　三是"注释"。名句中有深奥、不易理解的词语,均有恰当的释义。

　　四是"译文"。每一名句都有白话译文,易于读者理解其义。

　　五是"原作"。每一名句出自哪一首词,均有原作附录其后。

　　六是"作者小传"。书中在每位作者第一次出现时都作了简要介绍,以后标明页码,便于查找了解。

七是"故事"。书中的这些故事，或许是关于某一名句出处的故事，或许是关于某一个词人的故事，或许是关于名句内容的常识。读了这些故事，可以了解更多的相关知识，并进而更好地理解背诵这些名句。

八是"赏析"。每一名句好在哪里，如何欣赏，都可以从中找到答案。

江山代有才人出，名句还要代代传。可以毫不夸张地说，同学们若能将这些字字珠玑、句句经典的名句诵记下来，将受益终生；对许多成年人来说，这也是应补的一课。

最后，我希望通过这本书，能够对中学生和广大的宋词爱好者有所帮助，使宋词经典名句成为他们成长、成才的良师益友。

由于本人水平所限，本书的体例和内容难免未能尽如人意，殷切希望广大读者批评指正，以便进一步修改和提高。

邵勋潜

目 录

前言 ·· (1)

B

1. 别时容易见时难。流水落花春去也,天上人间 ················· (1)
2. 把吴钩看了,栏干拍遍,无人会、登临意 ························ (3)
3. 不肯画堂朱户,春风自在杨花 ·· (6)
4. 悲欢离合总无情,一任阶前点滴到天明 ··························· (8)

C

5. 长沟流月去无声。杏花疏影里,吹笛到天明 ··················· (10)
6. 长恨此身非我有,何时忘却营营 ···································· (12)
7. 长记曾携手处,千树压、西湖寒碧 ································· (15)
8. 重湖叠巘清嘉。有三秋桂子,十里荷花 ·························· (17)
9. 村南村北响缫车,牛衣古柳卖黄瓜 ································· (19)
10. 池上碧苔三四点,叶底黄鹂一两声,日长飞絮轻 ············· (21)
11. 春如旧,人空瘦。泪痕红浥鲛绡透 ································ (23)
12. 春归何处?寂寞无行路 ·· (25)
13. 此心安处是吾乡 ·· (27)
14. 此恨平分取,更无言语空相觑 ······································ (29)
15. 此情无计可消除,才下眉头,却上心头 ·························· (31)

· 1 ·

16. 大江东去,浪淘尽、千古风流人物 ………………………… (34)
17. 多情自古伤离别,更那堪冷落清秋节 …………………… (36)
18. 断无蜂蝶慕幽香,红衣脱尽芳心苦 ……………………… (38)
19. 稻花香里说丰年,听取蛙声一片 ………………………… (40)
20. 当年万里觅封侯,匹马戍梁州 …………………………… (41)
21. 多情谁似南山月,特地暮云开 …………………………… (43)

E

22. 二十四桥仍在,波心荡,冷月无声 ………………………… (45)

F

23. 风高浪快,万里骑蟾背。曾识姮娥真体态 ……………… (48)
24. 富贵本无心,何事故乡轻别 ……………………………… (50)

G

25. 更能消、几番风雨,匆匆春又归去 ……………………… (53)
26. 归去来兮,吾归何处 ……………………………………… (55)

H

27. 花影乱,莺声碎。飘零疏酒盏,离别宽衣带 ……………… (57)
28. 红烛自怜无好计,夜寒空替人垂泪 ……………………… (59)
29. 会挽雕弓如满月,西北望,射天狼 ………………………… (61)
30. 和羞走。倚门回首,却把青梅嗅 ………………………… (63)
31. 回首向来萧瑟处,也无风雨也无晴 ……………………… (64)
32. 何物最关情? 黄鹂三两声 ……………………………… (66)

J

33. 剪不断,理还乱,是离愁,别是一般滋味在心头 ……………… (69)
34. 今宵剩把银红照,犹恐相逢是梦中 ……………………………… (71)
35. 拣尽寒枝不肯栖,寂寞沙洲冷 …………………………………… (72)
36. 尽吸西江,细斟北斗,万象为宾客 ……………………………… (74)
37. 君记取、封侯事在,功名不信由天 ……………………………… (76)
38. 九万里风鹏正举。风休住,蓬舟吹取三山去 …………………… (77)
39. 镜里朱颜都变尽,只有丹心难灭 ………………………………… (79)

L

40. 离恨恰如春草,更行更远还生 …………………………………… (82)
41. 泪弹不尽临窗滴,就砚旋研墨 …………………………………… (84)
42. 留得许多清影,幽香不到人间 …………………………………… (85)
43. 绿杨烟外晓寒轻,红杏枝头春意闹 ……………………………… (87)
44. 绿杯红袖趁重阳,人情似故乡 …………………………………… (89)
45. 两岸青山相送迎,谁知离别情 …………………………………… (91)
46. 两情若是久长时,又岂在朝朝暮暮 ……………………………… (93)
47. 流光容易把人抛,红了樱桃,绿了芭蕉 ………………………… (94)
48. 郎意浓,妾意浓。油壁车轻郎马骢,相逢九里松 ……………… (96)
49. 零落成泥碾作尘,只有香如故 …………………………………… (98)

M

50. 莫等闲、白了少年头,空悲切 …………………………………… (101)
51. 莫将清泪湿花枝,恐花也如人瘦 ………………………………… (103)
52. 莫道不消魂,帘卷西风,人比黄花瘦 …………………………… (105)

N

53. 弄潮儿向涛头立,手把红旗旗不湿 ……………………………… (108)

· 3 ·

54. 男儿西北有神州,莫滴水西桥畔泪 ············ (110)

P

55. 凭谁问,廉颇老矣,尚能饭否 ············ (112)
56. 平芜尽处是春山,行人更在春山外 ············ (114)
57. 平冈细草鸣黄犊,斜日寒林点暮鸦 ············ (117)
58. 平生事,此时凝睇,谁会凭栏意 ············ (119)

Q

59. 去年春恨却来时。落花人独立,微雨燕双飞 ············ (121)
60. 青山遮不住,毕竟东流去 ············ (123)
61. 青春都一饷。忍把浮名,换了浅斟低唱 ············ (124)

R

62. 人成各,今非昨,病魂常似秋千索 ············ (127)
63. 人有悲欢离合,月有阴晴圆缺,此事古难全 ············ (129)
64. 人生自是有情痴,此恨不关风与月 ············ (130)

S

65. 水光山色与人亲,说不尽,无穷好 ············ (132)
66. 水是眼波横,山是眉峰聚 ············ (134)
67. 世路如今已惯,此心到处悠然 ············ (136)
68. 四面边声连角起。千嶂里,长烟落日孤城闭 ············ (137)
69. 谁道人生无再少?门前流水尚能西 ············ (139)
70. 山抹微云,天连衰草,画角声断谯门 ············ (141)
71. 十年生死两茫茫。不思量,自难忘。千里孤坟,无处话凄凉 ············ (143)
72. 沙上并禽池上暝,云破月来花弄影 ············ (145)

T

73. 天可老,海能翻,消除此恨难 ……………………………………… (148)
74. 天上流霞凝碧袖,起舞与君为寿 ……………………………… (150)
75. 天涯也有江南信,梅破知春近 ………………………………… (151)
76. 汤武偶相逢,风虎云龙。兴王只在笑谈中 ……………………… (153)

W

77. 问君能有几多愁?恰似一江春水向东流 ……………………… (155)
78. 无可奈何花落去,似曾相识燕归来 …………………………… (157)
79. 未是秋光奇艳,看十五十六 …………………………………… (159)

X

80. 寻寻觅觅,冷冷清清,凄凄惨惨戚戚 ………………………… (161)

Y

81. 燕子楼空,佳人何在?空锁楼中燕 …………………………… (164)
82. 衣带渐宽终不悔,为伊消得人憔悴 …………………………… (166)
83. 月上柳梢头,人约黄昏后 ……………………………………… (167)
84. 一点浩然气,千里快哉风 ……………………………………… (169)
85. 一川烟草,满城风絮,梅子黄时雨 ……………………………… (170)
86. 一尊浊酒戍楼东,酒阑挥泪向悲风 …………………………… (172)
87. 欲将心事付瑶琴。知音少,弦断有谁听 ……………………… (174)
88. 叶上初阳干宿雨,水面清圆,一一风荷举 ……………………… (176)

Z

89. 昨夜西风凋碧树。独上高楼,望尽天涯路 …………………… (178)
90. 枝上柳绵吹又少,天涯何处无芳草 …………………………… (180)

91. 争渡,争渡,惊起一滩鸥鹭 …………………………………… (181)
92. 只愿君心似我心,定不负相思意 ……………………………… (183)
93. 醉里吴音相媚好,白发谁家翁媪 ……………………………… (185)
94. 醉里挑灯看剑,梦回吹角连营 ………………………………… (186)
95. 自许封侯在万里。有谁知,鬓虽残,心未死 ………………… (188)
96. 自古功名属少年,知心惟杜鹃 ………………………………… (190)
97. 追往事,叹今吾,春风不染白髭须 …………………………… (192)
98. 至今商女,时时犹唱,《后庭》遗曲 …………………………… (194)
99. 中庭月色正清明,无数杨花过无影 …………………………… (195)
100. 知否,知否? 应是绿肥红瘦 ………………………………… (197)

B

别时容易见时难。流水落花春去也,天上人间

【名句】

bié shí róng yì jiàn shí nán　liú shuǐ luò huā chūn qù yě tiān shàng rén
别　时　容　易　见　时　难。流　水　落　花　春　去　也,天　　上　人

jiān
间①。

【出典】

李煜《浪淘沙》。

【注释】

①天上人间:指相隔遥远。

【译文】

分手容易再见面时艰难。落花流水随春天离去,天上与人间相隔太远。

【原作】

帘外雨潺潺,春意阑珊。罗衾不耐五更寒。梦里不知身是客,一晌贪欢。独自莫凭栏,无限江山。别时容易见时难。流水落花春去也,天上人间。

【作者小传】

李煜(937~978),原名从嘉,字重光,号钟隐,李璟的第六子,959年被立为太子。961年即位,没有年号,史称李后主。李煜即位时,南唐已为宋的属国。他面对宋朝的压力,逆来顺受,以图苟且偷安。975年,宋军入金陵,俘后主,南唐

灭。李煜在政治上是一个昏君，在文学上却是一个文学家，诗人。其主要成就在诗词上，前期作品主要反映宫廷生活，如《长相思》《浣溪沙》等。被俘后，比前期有很大突破，代表作有《虞美人》《破阵子》《浪淘沙》等。

李后主在位十四年，975年被俘去位，宋太祖封他为违命侯。978年，李后主被宋太祖的弟弟宋太宗毒死，年42岁。

宋太宗太平兴国三年元旦。这一天，李煜又喝得酩酊大醉。他借助酒劲，拼命发泄着心中的情绪，高声大喊："万古到头归一死，醉乡葬地有高原。"这时，小周后因被强迫入宫伺候，很久才能与李煜见上一面。每每相见，小周后都愤恨不已："想当初我是何等风流，如今宋朝皇上有意折辱我。我只能强作欢颜，忍气吞声。皇天无眼，你李煜难道也无眼吗？眼睁睁地看着我被强拉入宫，却没有任何反应。太宗是个禽兽，你也麻木不仁吗？竟忍心看着自己的妻妾任人污辱！"李煜忍住心酸，劝解道："忍耐忍耐吧。忍耻含垢，委曲求全，所有这一切，只是为你我还能苟活于世呀！想当日，你我为情而起，几经波折，才称心如意，我忍心你遭辱吗？怎能忘从前，雕栏玉砌，纸醉金迷，灯红酒绿，轻歌曼舞。只可惜，现今我一如丧家之犬，仓皇失措，自顾无暇。我有何力再顾及其他。你呀，好生保全自己吧。"

小周后含恨入宫。

李煜含恨独坐。

窗外，雨滴空阶，梧叶飘零；窗内，形单影只，欲哭无泪。李煜对景堪哀，往事萦怀：往昔前呼后拥，姬妾成群，仪卫无数；而今，一国之主成阶下之囚，故国梦回，情无寄托。往事已成空，还如一梦中。李煜越想越无奈，却又总也跳不出往昔的梦影、今日的枷锁，不觉神思疲倦，昏昏入眠。在梦中，他又重新见到了故国的乡关：上苑如旧，车如流水，马如龙，花月正春风。只是玉楼瑶殿影空照秦淮。

春将尽，雨不停，雨打梧桐分外明。

丝丝凉意，缕缕凄清，透过雨丝，透过风片，透过窗棂，直浸到李煜身上。李煜梦醒，仍旧是：雨滴空阶，风吹梧叶。李煜独坐黑暗中，心绪茫茫，无可寄托。真情不知诉与谁，一腔事，尽付与香笺，于是写了《浪淘沙》词，"别时容易见时难。流水落花春去也，天上人间。"便是这首词中的名句。

赏析

"别时容易见时难。流水落花春去也,天上人间。"这几句强调归去之难,发出绝望的哀叹。它以自然界的花落、水流、春归比喻归去之难,表示希望的彻底破灭。名句基调悲怆低沉,透露出这个亡国之君绵绵不尽的故国之思,可以说是一支宛转凄苦的哀歌。此外,这几句用白描手法,却比浓墨重彩更具有感染力量。

把吴钩看了,栏干拍遍,无人会、登临意

【名句】

bǎ wú gōu kàn liǎo　lán gān pāi biàn　wú rén huì　dēng lín yì
把 吴 钩 看 了①,栏 干 拍 遍,无 人 会②、登 临 意③。

【出典】

辛弃疾《水龙吟·登建康赏心亭》。

【注释】

①吴钩:古吴国所造弯形宝刀,这里指佩剑。
②会:理解。
③登临意:登高远望的心意。登临,登山临水,指登赏心亭。

【译文】

看吴钩心驰疆场披坚执锐,拍击栏干悲愤难抑,登临赏景愤激慷慨,有谁能理会。

【原作】

楚天千里清秋,水随天去秋无际。遥岑远目,献愁供恨,玉簪螺髻。落日楼头,断鸿声里,江南游子。把吴钩看了,栏干拍遍,无人会、登临意。　　休说鲈

· 3 ·

鱼堪脍,尽西风,季鹰归未?求田问舍,怕应羞见,刘郎才气。可惜流年,忧愁风雨,树犹如此!倩何人唤取,红巾翠袖,揾英雄泪!

【作者小传】

辛弃疾(1140~1207),南宋词人。字幼安,号稼轩居士。历城(今山东济南)人。与苏轼齐名,并称苏辛。出生前13年,山东一带即已为金兵侵占。绍兴三十一年(1161)率两千民众参加北方抗金义军,次年奉表归南宋。历任湖北、江西、湖南、福建、浙东安抚史。一生坚决主张抗击金兵,收复失地。曾进奏《美芹十论》,分析敌我形势,提出强兵复国的具体规划;又上宰相《九议》,进一步阐发《十论》的思想;都未得到采纳和施行。在各地任上他认真革除积弊,积极整军备战,又累遭投降派掣肘,甚至受到革职处分,曾在江西上饶一带长期闲居。光复故国的大志雄才得不到施展,一腔忠愤发而为词,由此造就了南宋词坛一代大家。

今存词629首,数量为宋人词之冠。词作题材广泛,风格多样,而以慷慨悲壮的爱国词为其主调。这类词中历来为人传诵之作有《永遇乐·京口北固亭怀古》、《水龙吟·登建康赏心亭》、《破阵子·为陈同甫赋壮词以寄之》、《菩萨蛮·书江西造口壁》等。写闲适生活的词数量最大,这类词往往于闲适中流露出莫可奈何的情绪,其精神仍与其爱国词一脉相通,如《沁园春·带湖新居将成》、《水调歌头·盟鸥》等。一部分写农村生活的词清新淳朴,语言浅近,如《清平乐·村居》、《鹧鸪天·戏题村舍》、《西江月·夜行黄沙道中》、《浣溪沙·常山道中即事》等都是生动的农村风情画。辛词中也有写爱情的词,如《清平乐·春宵睡重》就写得缠绵婉转,颇能动人。辛弃疾诗今存133首,内容和风格大体上亦如其词。辛弃疾文今存17篇,多为奏议启札等应用文字,颇能见出辛弃疾的见解和谋略。

1168年,辛弃疾到建康(今江苏南京)当通判。建康是长江下游的重镇,素有"钟阜龙蟠,石城虎踞"之称。有一天,辛弃疾和史正志及同僚们怀着沉重的心情,登上建康赏心亭,走到楼前,凭栏遥望。看到楚天千里辽阔,秋色无边无际,楼下的秦淮河直通长江,水连天、天连水,水天相接,也不知它的尽头在哪里。放眼望去,那一带带、一层层的远山,有的高耸挺拔,好像是妇女鬓发上插

戴的碧玉簪；有的舒缓纤曲，仿佛是儿童头上那螺壳般的发髻。这时，它们也似乎满怀着愁恨，默默无语地对着满腹愁肠的辛弃疾。斜阳已经恹恹地西沉了，不时有若断若续的大雁飞鸣而过。它们的鸣声，从远处传到楼头，传到辛弃疾的耳边，勾起了他的乡思。

  这时候，辛弃疾倚着栏干，看了一下江天暮色，把刘汉赠给他的那柄宝剑拔出鞘来，细细地抚弄着。"给你，千万不要让它闲着！"刘汉临别时的叮咛嘱咐，顿时在他的耳边响起。这声音简直像是重锤敲打着他的心扉，使他惭愧，使他悲愤。他把剑重新插入剑鞘，一次次地拍击着栏干，借以发泄那不可抑制的忧愤。这时候，游人渐渐地离开了，还没有走的游人经过辛弃疾的身边，看着他一会儿抚弄宝剑，一会儿拍击栏干，都投以惊诧的目光，但谁能理解他这时的心情呢？

  空中传来了几声归雁的鸣叫，辛弃疾的心情更加悲凉了。他下意识地转过身去，向北眺望。啊，故乡不就是在这个方向吗？大雁都知道追寻踪迹飞回旧地，更何况漂泊江南的游子呢！他想起西晋时的张季鹰，在洛阳看到秋风吹起，便思念自己的家乡吴中鲈鱼的美味，于是立刻弃官回家。可是自己的家乡呢？如今还在敌人的铁蹄之下，想回去也回不了！既然如此，那就在南方买一点儿田地，盖几间房屋，无声无息地终其一生吧！一想到这里，辛弃疾又觉得惭愧起来。东汉末期，天下大乱，有一个叫许汜的人就是这样为自己打算，结果先是遭到陈元龙的冷淡，后来又受到刘备的严厉批评。自己如果也追随许汜的后尘，买田置屋，岂不愧对刘备这样具有英雄豪气的古人！不能，不能这样做！辛弃疾猛然拔出宝剑，凝神地看着锋刃上闪出的寒光。啊，来到南方已经六年了，国家依然处于风雨飘摇之中，怎不叫人满怀愁肠！树木长得这么高大茂盛，怎不使人感慨年华易逝，报国无期？红巾翠袖的歌女呀，别再讴唱《后庭花》那靡靡之音了，谁能给我揩拭掉这忧国的热泪呢……

  此刻，西天的落日只剩下最后一点儿余晖。断续的大雁声在空中回响。辛弃疾独立楼头，泪珠禁不住从眼眶里流了出来，心头的千思万绪奔涌而出，凝聚成一曲感人肺腑的《水龙吟》词，"把吴钩看了，栏干拍遍，无人会、登临意"就是这首词中的名句。

赏　析

  "把吴钩看了，栏干拍遍，无人会、登临意。"这几句表现了辛弃疾焦虑苦闷

的心情。因为他一生主张坚决抗金,力图恢复国家的统一,但英雄无用武之地,可是有谁来理会他此时登高远眺的心意呢?其深忧积恨,情态宛然,充分说明知音难觅、无人会意的慨叹。辛弃疾将强烈的思想感情,寓于平淡的笔墨中,耐人寻味。

不肯画堂朱户,春风自在杨花

【名句】

bù kěn huà táng zhū hù　chūn fēng zì zài yáng huā
不　肯　画　堂　朱　户①,春　风　自　在　杨　花②。

【出典】

王安国《清平乐·春晚》。

【注释】

①画堂朱户:喻指权贵人家。
②杨花:高洁人格的象征。

【译文】

杨花在春风中自由自在,怎么肯飞入那画堂朱户。

【原作】

留春不住,费尽莺儿语。满地残红宫锦污,昨夜南园风雨。　小怜初上琵琶,晓来思绕天涯。不肯画堂朱户,春风自在杨花。

【作者小传】

王安国(1028~1074),北宋诗人。字平甫。抚州临川(今属江西)人,王安石弟。史称他12岁即"以文章闻于世"。其咏史诗如《读魏世家》等即寄托极深感慨。写景诗则风发泉涌,《同器之过金山寺兼呈潜道》《滕王阁感怀》皆有慷慨之气。其诗又工于用事,人称"对偶亲切"(陈师道《后山诗话》)。著有《王校理集》。

故事

王安国自幼苦学,到宋神宗熙宁初年,他便做了秘书阁的校理之官。

虽是王安石的弟弟,但王安国却从来未借哥哥的权势去巧取高官厚禄。他为人非常耿直正派,从不附炎趋势。就是哥哥王安石推行新法时,他有自己的不同看法,也是与哥哥争论不休,从来不肯随意附和。

一次,王安国正在家中津津有味地吟晏殊那首脍炙人口的《采桑子》词。王安国读着读着,觉得这首词音节响亮,情感深沉,犹如天际几声雁唳。尽管是那样短促的数声,却如此悲凉凄切,盘旋回荡,读后使人心潮久久难以平静。吟诵着它,真如饮一杯醇香的美酒,给人无穷的回味魅力。

王安石看到王安国读《采桑子》词读得如醉如痴,便打趣地对他说:

"晏殊身为朝廷重臣,也填词取乐吗?"

言外之意是,有官职身份的人不应该去触及词这种"艳科"。

王安国听了哥哥的话,很不以为然,更为晏殊抱不平,因此便十分客气地回敬了哥哥一句:

"晏公不过是高兴的时候,偶尔写上一两首罢了。难道这就说明他的志向、志趣完全在填词取乐上吗?"

这可以看出王安国不以为作词便损于朝廷大臣的风度,相反,他倒觉得哥哥王安石有些过分固执了。

其实,王安国有些误解哥哥,因为王安石自己也填词,如他写的《桂枝香·金陵怀古》,不仅在当时为人们传唱,使一时洛阳纸贵,而且还成为千古绝唱。

王安国在仕途上非常不得意,不但没有受到朝廷的重用,相反,被当朝权贵吕惠卿——这个先是谄媚逢迎王安石,得势后又反过来陷害、排挤王安石的小人,借事加害,最后丢弃官职,被放归故里。这对王安国说来是个不小的打击,但他却对此漠然处之。为了表明他的心境,于是挥笔写了《清平乐》词,"不肯画堂朱户,春风自在杨花"便是这首词中的名句。

赏析 shang xi

"不肯画堂朱户,春风自在杨花。"这两句写暮春纷飞的杨花,以杨花不肯

飞入权贵人家的画堂朱户,隐喻自己不愿凭借兄长势位猎取高官。句中的"杨花",实际上是王安国高洁人格的象征。由于融进了自己的身世之感,写出了自己的高尚性情,王安国的这两句名句引人注目,广为传诵。

悲欢离合总无情,一任阶前点滴到天明

【名句】

bēi huān lí hé zǒng wú qíng　yí rèn jiē qián diǎn dī dào tiān míng
悲　欢　离　合　总　无　情①,一　任　阶　前　点　滴　到　天　明②。

【出典】

蒋捷《虞美人》。

【注释】

①无情:无动于衷。
②阶:台阶。

【译文】

对悲欢离合已麻木,任凭阶前雨声点点滴滴响到天明。

【原作】

少年听雨歌楼上,红烛昏罗帐。壮年听雨客舟中,江阔云低断雁叫西风。而今听雨僧庐下,鬓已星星也。悲欢离合总无情,一任阶前点滴到天明。

【作者小传】

蒋捷(约1245~1305),南宋词人。字胜欲,自号竹山,学者称竹山先生。阳羡(今江苏宜兴)人。宋度宗咸淳十年(1274)进士。宋亡,遁迹未仕。生平"以词名一时"(沈雄《古今词话》引《松筠录》语),与周密、王沂孙、张炎并称"宋末四大家"。有《竹山词》一卷。所作词章,内容多以忆昔伤今为主;艺术上"炼字精深,音词谐畅",想象丰富,形式自由,风格较近辛派。后代词论家对其拒绝出仕元朝的人品气节虽一致赞赏,而对其词作的评价却分歧甚大:明毛晋、清朱彝

尊、纪昀、刘熙载等人都褒赞其词，刘熙载甚至推之为"长短句之长城"(《艺概·词曲概》)；但清周济、陈廷焯、冯煦等人则贬损之，陈廷焯《白雨斋词话》卷二列之于南宋词人最末，并说："竹山虽不论可也。"

故事

宋朝灭亡后的一天晚上，蒋捷带着满怀愁绪，投宿在一座寺庙中。

寺庙的方丈见他是一介书生的模样，又文质彬彬，便让小和尚殷勤侍候，临睡之前还来房中和他闲聊。谈起国破家亡，蒋捷与老方丈自然又是一番感慨。

送走老方丈，蒋捷和衣躺在床上，窗外的春雨不停地敲打着窗棂，点点滴滴一夜未停。

春雨恼人夜难眠，直到天快亮时，蒋捷才在蒙眬中感到睡意，一时竟进入了梦乡：仿佛回到了少年时期，五花马千金裘，行乐歌楼酒舍。红烛灯前，锦罗帐中，耳畔潇潇不歇的春雨，犹如丝竹之音，令人陶醉。

突然间，元兵长驱直入，金戈铁马，百姓流离失所，哀鸿遍野。刹那间，中原大地狼烟滚滚。他慌忙乘舟出逃，又是潇潇春雨，摧人肝肠！只见云低江阔，一阵阵秋风中，北雁南飞，声声凄厉。

此时，突然传来叩门的声音，原来是老方丈让小和尚招呼他去用早饭，而他却还在梦中。

蒋捷翻身下床，对着房中的铜镜草草地梳理着自己的头发，只见铜镜中的自己已双鬓斑白，岁月与苦难在额头上刻下了深深的皱纹。此时，他深感人生的悲欢离合，犹如春梦一场。蒋捷无心去用饭，回身坐在桌前，挥笔写了《虞美人》词，"悲欢离合总无情，一任阶前点滴到天明"就是这首词中的名句。

赏析

"悲欢离合总无情，一任阶前点滴到天明。"这是写作者听雨的感触，"无情"、"一任"、"到天明"，超脱、了悟、顺应。掩卷回味，不禁要问，既是"无情"，何必听"到天明"？颇有"而今识尽愁滋味，欲说还休"的感受。这是偶逢雨夜，听雨遐思，雨中回顾自己的一生，也预见自己的余生。

C

长沟流月去无声。杏花疏影里,吹笛到天明

【名句】

长沟流月去无声①。杏花疏影里,吹笛到天明。

【出典】

陈与义《临江仙》。

【注释】

①长沟:午桥下的河。

【译文】

入夜,月光随着无声的河水静静地流逝,我在那杏花疏影里吹起短笛,不知不觉已曙色满天。

【原作】

忆昔午桥桥上饮,坐中多是豪英。长沟流月去无声。杏花疏影里,吹笛到天明。二十余年如一梦,此身虽在堪惊。闲登小阁看新晴。古今多少事,渔唱起三更。

【作者小传】

陈与义(1090~1138),南宋诗人。字去非,号简斋。洛阳(今属河南)人。历官太学博士、中书舍人、礼部侍郎、翰林学士、参知政事。早期推崇苏轼、黄庭坚和陈师道。后期经历了靖康之变,体验到杜甫安史之乱后的遭遇,转学杜甫,作品题材广泛,感时伤事,成为宋代学习杜甫最有成就的诗人之一。如七律《登岳阳楼》之一、《巴丘书事》、《再登岳阳楼感慨赋诗》等,雄阔豪壮,慷慨悲凉。七言绝句重在意趣,格调清婉,如《春日二首》、《中牟道中二首》等,或工于兴寄,或活用典实,屡见新意。五言律诗以清迥峭刻见长。五言古诗写景造境,观察细密,造语工致。方回(元代文学家)将陈与义与黄庭坚、陈师道合推为江西派的三宗,陈与义不是江西人,与黄庭坚的好用典、矜生硬,迥然有别,他重意境,擅白描,显然不应列入江西诗派。陈与义亦擅词作,有清婉秀丽之风。

宋钦宗靖康元年(1126),金兵大举入侵中原,包围汴京,北宋政权已名存实亡了。这一年,诗人陈与义因父亲去世,自己又没有职务,在人民纷纷逃难的情况下,他先到汝州,随即向南,经叶县、方城,到光化。

宋高宗建炎元年(1127),他又从光化回到邓州。第二年又从均阳出发,顺汉水南下,秋冬之交,他到了湖南岳阳,在连续近三年的逃难中,他几乎跑遍了大半个中国。

这一年,他来到湖州,在青墩镇的一间僧舍里住了下来。安顿好行李,已是傍晚时分,不一会儿天就黑了。

在颠沛流离的日子里,陈与义忧国忧民,思念故土,想念亲人。此时夜深人静,他走出僧舍,登上一座小阁楼,抬头远望,夜色茫茫的远方就是家乡洛阳,回首往事如烟,却历历在目。

那是24年前的洛阳:午桥,到处是"国色天香"的牡丹花。这里的名贵牡丹应有尽有。这里筑山穿池,有风亭、水榭、彩阁、凉台。加上清流湍急,映带周围的自然风光,于是便成了唐宋以来文人名士们咏觞流连的好去处。聚饮的好地方,是在"午桥";前来聚饮的人,多是"英豪"。人杰地灵,让人乐而忘返。

月亮升起来了,在桥下是悄悄流去的河水,映在水面上的明月,也跟着河水远去了。

那么,在如此"清凉无限"的境况中的人呢?"杏花疏影里,吹笛到天明"。明

净清澈的月光,透过树枝把稀疏的花影映在地上,从花影底下,传来悠扬的笛声。

这是陈与义在小阁上对"洛中旧游"的回顾。但是他从宋徽宗政和三年(1113)走上宦途,屡遭贬谪,以后又连年流亡,奔波流浪,九死一生。现在托病辞职,投寄在这僧舍,产生了人生的茫然之感。此时夜色正浓,心潮起伏。陈与义挥笔写了著名的《临江仙》词,"长沟流月去无声。杏花疏影里,吹笛到天明"就是这首词中的名句。

赏析

"长沟流月去无声。"这句写月亮悄悄升起来了,月色皎洁。河水在桥下静悄悄地流淌,仿佛把映在水中的明月也带走了。这样描写,显出一种动态美。月光与流水交融,浑然一体,更显出环境的清幽、明净、雅致。前人认为此句可与杜甫的名句"月涌大江流"媲美。"杏花疏影里,吹笛到天明"两句也是千古名句。我们仿佛看到,月光透过稀疏的杏花,光影交织,洒在倚树吹笛人的身上,使人仿佛听到花影下飞出了悠扬的笛声,朦朦胧胧,若隐若现,若断若续。恬静悠闲,真是一幅绝美的月夜吹笛图。

长恨此身非我有,何时忘却营营

【名句】

cháng hèn cǐ shēn fēi wǒ yǒu　hé shí wàng què yíng yíng
长　恨此身非我有①,何时忘却营营②?

【出典】

苏轼《临江仙》。

【注释】

①此身非我有:不能掌握自己的命运。
②营营:往来奔走,即世俗的纷扰。

【译文】
长恨此身不归我所有,何时能忘却逐利争名。

【原作】
夜饮东坡醒复醉,归来仿佛三更。家童鼻息已雷鸣,敲门都不应,倚杖听江声。　　长恨此身非我有,何时忘却营营?夜阑风静縠纹平。小舟从此逝,江海寄余生。

【作者小传】
苏轼(1037~1101),北宋政治家、文学家、书画家。字子瞻,一字和仲,号东坡居士,谥文忠。眉州眉山(今四川眉山)人。与父苏洵、弟苏辙,合称"三苏"。思想博杂,于儒、道、释均有吸取融汇,并由此而形成独特的人生态度。在政见上倾向儒学,在人生处世上出入庄老禅宗。积极从政,坚持操守,但反对欲速轻发,既为新党所不容,亦为旧党所不满;然其生活态度"期于静而达",观察问题颇能超脱,处世接物又复旷达,故虽历尽挫折飘泊,始终达观。其文学主张受欧阳修影响,反对五代宋初浮巧轻媚的文风。其理论主张对宋代诗文革新贡献甚大,对后代也有影响。其文学创作成就极高,文诗词俱为一代大家。散文为后人所称"唐宋八大家"之一。苏文坚持了欧阳修文平易之路,而更为畅达自由;文体多样,风格亦多样。诗存2700余首,涉及政治、社会、历史、人生、山水游记、朋友唱和乃至艺术创作的经验和鉴赏诸多方面,抒写情怀,慨叹人生,讥弹时政,寄寓名理,无不形象鲜明,神味完足。苏诗风格多样,对陶渊明、李白、杜甫、白居易、韩愈诸人均有继承发挥,而"嬉笑怒骂,皆成文章",个性极为分明,实现了他"系风捕影"能充分达意的文论主张。苏词反映的生活面比较广阔,风格多样,而以豪放刚健为主,显示出巨大的艺术才能,在词的发展史上,占有突出重要的地位。

宋神宗元丰三年(1080)二月,李定等人要求朝廷把苏轼贬居黄州,有他们的目的。那就是陈慥(zào)正在黄州北面的麻城歧亭隐居。这陈慥很有势力,李定等人想借他的手,来给苏轼添麻烦。

陈慥字季常，是陈公弼的儿子。远在苏轼签判凤翔的时候，陈公弼曾经担任过凤翔太守，是苏轼的顶头上司。原来两人关系不好，后来由于作《凌虚台记》关系有所改善。李定他们并不知道详细情况。他们只是在审案中得知，陈公弼曾经罚过苏轼20斤铜，苏轼也曾经向皇帝上书揭发过陈公弼。后来，陈公弼因贪污嫌疑削职为民，郁郁而死。于是，李定等便认为他俩肯定是仇敌。

其实，陈慥与苏轼的关系很好。当苏轼贬往黄州路过麻城歧亭的时候，陈慥便守在路口，恭敬地迎接，并且请入家中，置酒款待。苏轼在黄州期间，曾三次专门往歧亭拜访陈慥，陈慥也曾经七次来黄州访苏轼，两人过往甚密。他是苏轼随时可以开玩笑的朋友。

神宗皇帝给苏轼的诏命是"充黄州团练副使，本州安置，不得签书公事"。"团练副使"是官名，"不得签书公事"是来往公文没有签名的权力，"本州安置"则是限制他活动的范围。不过，黄州太守徐君猷对苏轼很好，根本没有限制他的行动，他可以随便在各地游来走去。

一天晚上，苏轼在外游玩，酒喝得多了，回家时已是深夜，看门的家童已经睡了。他敲了半天门也无人来开，便干脆不敲了，独自一人跑到江边，谛听江上涛声。江涛引发他对自我存在的反思，遗憾于不能生命自主，而陷入尘缘劳碌。面对大江，他顿生超拔羁縻而遁身江海的遐想，于是写了《临江仙》词，"长恨此身非我有，何时忘却营营"就是这首词中的名句。

赏析

"长恨此身非我有，何时忘却营营？"这是苏轼长期蓄积于胸的愤懑情绪的爆发。"长恨"，表示恨之极、恨之久。"此身非我有"概括了苏轼的大半生：开始是为名利所牵，奔波仕途，随后又遭人诬陷，谪居黄州。名缰利索，明争暗斗，束缚了苏轼的自由，而其根源则在于没有"忘却营营"。这充分表现了他对现实处境的愤懑不平和对自由生活的渴望。

长记曾携手处,千树压、西湖寒碧

【名句】

长记曾携手处,千树压①西湖寒碧②。

【出典】

姜夔《暗香》。

【注释】

①压:靠近。
②寒碧:湖水寒冷而碧绿。

【译文】

常记得我们在西湖携手同游,赏玩那千树万树的梅花紧靠湖边的情景,那湖水是一片碧绿澄清。

【原作】

旧时月色,算几番照我,梅边吹笛。唤起玉人,不管清寒与攀摘。何逊而今渐老,都忘却、春风词笔。但怪得、竹外疏花,香冷入瑶席。 江国,正寂寂。叹寄与路遥,夜雪初积。翠尊易泣,红萼无言耿相忆。长记曾携手处,千树压、西湖寒碧。又片片吹尽也,几时见得?

【作者小传】

姜夔(约1155~1209),南宋文学家,音乐家。字尧章,人称白石道人。饶州鄱阳(今江西波阳)人。终身布衣。往来鄂、赣、皖、苏、浙间,与诗人词家杨万里、范成大、辛弃疾等交游。姜夔多才多艺,擅长书法,精通音律。工诗,词尤有名。有词中之圣之称,与辛弃疾、吴文英分鼎南宋词坛。其词现存80余首,内容丰富,有咏叹时事,感念旧游,描写旅况,眷怀恋人,咏物寄情等,如《扬州慢·淮左名都》、《探春慢·衰草愁烟》、《长亭怨慢·渐吹尽》,以及传世名作《暗香》、《疏

15

影》两首咏梅词。姜词风神潇洒，格调高旷，素淡幽远，简洁醇雅，以清冷刚健的笔力开创了风雅词派，即格律派，对史达祖、吴文英亦有影响。他有17首词自注工尺旁谱，是研究宋代词乐的珍贵资料。琴曲《古怨》注明指法，可弹奏，是词和乐的合集。其诗现存180余首，初学黄庭坚，中年摆脱江西诗派束缚，转而追随晚唐的陆龟蒙，琢句精妙，意境幽隽。所著《白石道人诗说》，主张诗"贵含蓄"，要有"气象"、"韵度"，要"深远清苦"等。今有《白石道人诗集》、《白石道人歌曲》、《诗说》、《绛帖平》、《续书谱》等著作传世。

故事

宋孝宗淳熙十三年（1186），姜夔客游湖南，在那里见到了仰慕已久的福建老诗人萧德藻。他们谈诗填词相见恨晚，一老一小竟结下了忘年之交。萧德藻老诗人非常赞赏姜夔的诗才，便决定将自己的侄女嫁给姜夔，并带着他一起来到浙江湖州，在那里居住下来。

不久，在萧德藻的介绍下，姜夔认识了南宋四大诗家（陆游、尤袤、杨万里、范成大）之一的杨万里。杨万里早就读过姜夔的诗，对他的词十分欣赏，并称赞姜夔的诗风犹如陆龟蒙，他们交往日深，经常诗词唱和，把酒论诗词。

一次，杨万里介绍姜夔带着自己的诗去见南宋四大诗家的另一位大诗人范成大。他们初次见面，范成大便认为，姜夔的翰墨人品，都像晋宋的雅士，心中十分喜欢，便当下征求姜夔的新作。

宋光宗绍熙二年（1191），姜夔去拜访范成大。这一天下着大雪，他们把酒对饮，纵论诗词，谈得十分投机。酒后，范成大邀姜夔园中观雪赏梅。他们信步而行，姜夔不禁吟起诗人林和靖的《山园小梅》一诗，当吟到"疏影横斜水清浅，暗香浮动月黄昏"两句时，大受启发，于是挥笔写了一首《暗香》词，"长记曾携手处，千树压、西湖寒碧"便是这首词中的名句。

赏析

"长记曾携手处，千树压、西湖寒碧。"这几句写当年携手赏梅的情景。作者回忆携手处千树红梅压西湖寒碧，奇丽幽绝，景美托出人美。这句写梅花，实际上忆念玉人，以人衬梅，以梅映人，咏物而寄情，写意而传神。句中的"压"写出

树之近,"碧"写出水之绿。这句将咏梅和忆人融合来写,如痴如醉,表达出作者无限眷念之情。

重湖叠巘清嘉。有三秋桂子,十里荷花

【名句】

chóng hú dié yǎn qīng jiā yǒu sān qiū guì zǐ shí lǐ hé huā
重 湖① 叠 巘② 清 嘉③。有 三 秋 桂 子,十 里 荷 花。

【出典】

柳永《望海潮》。

【注释】

①重湖:西湖中的白堤将湖分为里湖、外湖,故称重湖。
②叠巘:重叠的山峰,指灵隐山诸峰障峦重叠。
③清嘉:清秀美丽。

【译文】

西湖四周青翠山峰重重叠叠,九月里桂花飘香,十里荷花殷红。

【原作】

东南形胜,三吴都会,钱塘自古繁华。烟柳画桥,风帘翠幕,参差十万人家。云树绕堤沙。怒涛卷霜雪,天堑无涯。市列珠玑,户盈罗绮,竞豪奢。　重湖叠巘清嘉。有三秋桂子,十里荷花。羌管弄晴,菱歌泛夜,嬉嬉钓叟莲娃。千骑拥高牙。乘醉听箫鼓,吟赏烟霞。异日图将好景,归去凤池夸。

【作者小传】

柳永(约987~约1053),北宋词人。原名三变,字耆卿;因排行第七,又称柳七。崇安(今福建武夷山市)人。出身仕宦之家。真宗天禧初赴京应试不第,后长期居留京城,纵酒行乐,沉湎声色,与歌妓乐工相过从,为之填词,作品广为流传,人称"凡有井水饮处皆能歌柳词"。因为放荡不检,为统治者所摈斥,屡试

不第。仁宗读其词,竟于临放榜时将其黜落。后遂自称"奉旨填词"。曾漫游江南。仁宗景祐元年(1034)登进士第,授睦州团练使推官,历官昌国县盐监、华阳县令,然久困选调,难以升迁,后改名为永,方得转为京官,任屯田员外郎,后世因称"柳屯田"。

柳永精通音律,倾一生精力于作词,其词承上启下,开一代风气。他借鉴民间的俗曲新声,大量创制慢词,题材亦有较大拓展。部分词作展现了北宋中期都市的繁华富庶、节日盛况及民情风俗;有些词则描绘山川旅况,抒发了失意文人浪迹江湖的愁思感怀;更多的是一些狎妓行乐之作,虽情词佚荡,然以同情之心表达妓女追求自由生活、纯真爱情的愿望,体现了市民阶层的思想情趣。柳词又长于铺叙,衍展层递,曲尽其妙;又多用白话口语、白描笔法,对词曲发展影响至巨。代表作《雨霖铃》、《八声甘州》传诵千古。有《乐章集》传世,存词212首。

北宋初年,位于钱塘江北岸的杭州,是一座风景秀丽和繁华富庶的都市。它东临海湾,三面环山,整个城区到处是烟柳画桥,风帘翠幕。自古以来,曾引得多少诗人墨客为它悠然神往!

著名文人柳永正寄寓杭州。他为人落拓不羁,才华出众,不但写得一手好词,而且对音律也很精通。由于多次没有考中进士,因而感到失意无聊,整天同乐工和歌伎们混迹在一起,过着风流狂放的生活。

两浙转运使孙和,过去是柳永很好的朋友,这时也驻守在杭州。柳永曾多次拜访,希望得到他的提携和帮助,由于孙府门禁森严,始终没有能同他见面。

后来,柳永想出了一个办法。他能精心构思,把杭州这座江南名城的繁华景象和秀丽风光,写成了一首《望海潮》词,"重湖叠巘清嘉。有三秋桂子,十里荷花"便是这首词中的名句。柳永把此词谱成曲,然后就去找当时著名的歌伎楚楚。

柳永对楚楚说:"我一直想去拜访孙相公,可惜找不到门路。如果你有机会参加孙府的宴会,就请把我这首《望海潮》唱给客人们听。有人问起作者是谁,你就说是柳七(柳永排行第七)。事成之后,我一定重谢。"

到了中秋节晚上,孙和邀集了许多宾朋在府里饮酒赏月,楚楚也参加了。开筵后,客人们都请楚楚唱歌助兴。只见她缓步走到庭中,面含笑容,轻展歌喉,唱起了柳永新作的《望海潮》词。

"东南形胜,三吴都会,钱塘自古繁华……"那清新流畅的词句和宛转动听的词曲,扣动了人们的心弦。当她唱到"有三秋桂子,十里荷花"时,整个客厅响起了一片喝彩声。

歌声才落,孙和就立即斟上一杯美酒递给楚楚,并且问她说:"这首新词,我从来没有听过,是哪一位才子作的?"楚楚抿着嘴笑道:"这位才子不是别人,就是大名鼎鼎的柳七柳公子,听说他还是相公的知交呢。"

孙和一听,感到非常高兴,随即向楚楚问了柳永的住处,派人去把他请进府来,添酒回灯,畅饮叙旧。不久,这首《望海潮》词就不胫而走,迅速地传遍了杭州全城,成为家喻户晓、众口传唱的名作。

赏析

"重湖叠巘清嘉。有三秋桂子,十里荷花。"这是描写西湖的秀丽景色:里湖、外湖,山外青山,重重叠叠,清秀美丽。晚秋的桂树,将缕缕清香,飘溢出天竺古刹,正是初夏凉风,轻轻地摇动着十里铺延的亭亭荷花。名句中的"三秋桂子"、"十里荷花",在词中的运用或为实写,或为虚指,均带有夸张的语气,风格豪放。

村南村北响缫车,牛衣古柳卖黄瓜

【名句】

cūn nán cūn běi xiǎng sāo chē niú yī gǔ liǔ mài huáng guā
村 南 村 北 响 缫 车①,牛 衣 古 柳 卖 黄 瓜②。

【出典】

苏轼《浣溪沙》。

【注释】

①缫车:缫丝的工具,用以抽取茧丝。

②牛衣：用粗麻或稻草编织而成，用以给牛御寒，犹指贫家粗糙简朴的衣服。

【译文】

家家户户煮茧络丝，村南村北到处传来缲车的声音。古柳树下穿着粗麻布衣的农人，乘着荫凉叫卖黄瓜。

【原作】

簌簌衣巾落枣花，村南村北响缲车，牛衣古柳卖黄瓜。　　酒困路长惟欲睡，日高人渴漫思茶，敲门试问野人家。

【作者小传】(见第13页)

宋神宗元丰元年(1078)，苏轼因上书反对新法被贬到徐州任太守。那年初夏时节，他信步来到徐州城东二十里的农村。这时候，簌簌轻风，枣花飘落，纷纷扬扬，落于巾袖之上。苏轼听到家家户户的缲车唧唧声音，看到这欢乐繁忙的景象。因为夏天天气炎热，穿着粗布衣服的生意人，斜倚在古老的翠柳树边，放开喉咙，高声叫卖，树荫下放的是两筐鲜嫩诱人的黄瓜。

诗人面对农村生机盎然的大好风光，作为一州之长的太守，自然感到兴高采烈，开怀畅饮。畅饮之后，他觉得有些困乏，很想随意喝点儿什么，然后痛快地睡一觉。为了能喝一杯清茶解渴，他轻轻地很有礼貌地敲开了农家大门。

词人喝过茶后，和老农畅谈丰收情况，感到淳朴敦厚的民情、闲适的心情，于是即兴创作了抒发个人情怀的《浣溪沙》词，"村南村北响缲车，牛衣古柳卖黄瓜"便是这首词中的名句。

赏析

"村南村北响缲车，牛衣古柳卖黄瓜。"这两句写农村初夏的景色，缲车的轰鸣之声，卖瓜人坐在柳荫之下，好不悠闲，有声有色地渲染出浓厚的农村生活气息。苏轼从农村可见的典型事物入手,信笔写来,不事雕琢,却栩栩如生,富有浓厚的生活意趣,反映了男耕女织自然经济状态下的农村面貌。

池上碧苔三四点,叶底黄鹂一两声,日长飞絮轻

【名句】
池上碧苔三四点①,叶底黄鹂一两声②,日长飞絮轻。

【出典】
晏殊《破阵子》。

【注释】
①碧苔:碧绿色的苔草,生于水中。
②叶底:树叶里。黄鹂:即黄莺。

【译文】
池塘里浮动着点点青苔,绿叶下传来黄莺的叫声。暮春天气,白昼渐渐延长,纷飞的柳絮轻轻飘荡在空中。

【原作】
燕子来时新社,梨花落后清明。池上碧苔三四点,叶底黄鹂一两声,日长飞絮轻。　巧笑东邻女伴,采桑径里逢迎。疑怪昨宵春梦好,原是今朝斗草赢,笑从双脸生。

【作者小传】
晏殊(991~1055),北宋文学家。字同叔。抚州临川(今属江西)人。真宗景德二年(1005),年仅14岁,以神童才名应殿试考中进士。在西溪任上常讲学,后人建有晏溪书院,故西溪又称"晏溪"。仁宗庆历中,晏殊官到集贤殿学士,同

21

中书门平章事(宰相)兼枢密使。为官清廉,秉直从政。他曾上书皇帝,主张严格选任州郡长官,量才录用地方知县,清除庸劣不称职者,这份万言书声震一时。

晏殊是一名著名的文学家,擅长词令(长短句),尤擅小令。风格婉转,历有"此宗令词之专精者,首推晏殊"的评价。词最工,风格清而疏朗,脱去花间派浓艳浮靡之习,在当时词坛独具一格。今存130余首,代表作有《浣溪沙》(一曲新词酒一杯)、《清平乐》(红笺小字)、《山亭柳·赠歌者》等。至其诗文,《宋史》本传评:"文章赡丽,应用无穷,尤工诗,闲雅有情思"。诗存130余首,文存10余篇。有《晏元献遗文》一卷、《珠玉词》一卷传世。

故事

宋代的一个清明节后,燕子归来,梨花落去,百花争艳的季节已过,已是"绿肥红瘦"的时候了。在这暮春时节,有一户人家的花园景色多么诱人:绿水荡漾的池塘上,点缀着几点青苔。枝叶扶疏的林子里,不时地传来几声黄鹂的鸣叫声,显得格外的幽静。只有轻轻的柳絮,在随风飘荡。看到这样的情景,留在家中的采桑姑娘再也按捺不住自己了。这时候天气已暖,桑叶肥大,繁忙的采桑劳动开始了。一群年轻活泼的姑娘拎着篮子去采摘桑叶,路遇相逢,互相打着招呼,东邻女伴告诉她路遇的女友,说难怪自己昨夜做了个好梦,原来是预兆着自己今朝斗草得胜啊。她讲着讲着,不禁又笑了起来。那青春的笑容洋溢在明媚的春光里,使春天更加显得美丽动人,逗人喜爱。

于是,大词人晏殊根据这个少女的生活片断,以她劳动生活为题材,写了《破阵子》词,"池上碧苔三四点,叶底黄鹂一两声,日长飞絮轻"便是这首词中的名句。

赏析

"池上碧苔三四点,叶底黄鹂一两声,日长飞絮轻。"这是写清明节后的景物特点:池上碧苔,叶底黄鹂,白天渐长,飞絮轻盈。这时虽已没有满眼的繁花,却是一片盎然生机。在这大好季节里,气息芳润,池畔苔生鲜翠,三点、四点,漂浮着碧翠的鲜嫩。垂坠的枝叶下,流转着黄鹂悦耳的清音,一声、两声,长长的白昼里,柳絮在空中旋舞,飘飞得格外轻盈,这是一幅多么美好的图画,简直是"诗中有画"。

春如旧，人空瘦。泪痕红浥鲛绡透

【名句】

春如旧①，人空瘦②。泪痕红浥鲛绡透③。

【出典】

陆游《钗头凤》。

【注释】

①春如旧：春光依然如旧。
②人空瘦：人儿日见消瘦。
③浥：沾湿。鲛绡：古代神话中的人鱼（鲛人）所织的丝绢。后指丝织的手绢。

【译文】

春天还是那般儿依旧，而人，白白地为相思而消瘦。泪水打湿了脸上的脂粉，绢丝的手帕也已湿透。

【原作】

红酥手，黄縢酒。满城春色宫墙柳。东风恶，欢情薄，一怀愁绪，几年离索。错，错，错。　　春如旧，人空瘦。泪痕红浥鲛绡透。桃花落，闲池阁，山盟虽在，锦书难托。莫，莫，莫！

【作者小传】

陆游(1125~1210)，南宋文学家。字务观，号放翁。越州山阴(今浙江绍兴)人。2岁遭靖康之难，随父南迁。18岁师事曾几。高宗绍兴二十三年(1153)进士第一，然殿试时为秦桧除名。二十八年为福州宁德县主簿。孝宗隆兴元年(1163)任圣政所检讨官，赐进士出身。二年调镇江府通判。乾道二年(1166)罢官。淳熙二年(1175)范成大荐为成都府路安抚司参议官兼四川制置司参议官。

三年免官,五年知叙州,七年复罢官;十三年起知严州;十五年任礼部郎中兼实录检讨官。宁宗嘉泰二年(1202)为中大夫,兼同修国史。其诗文生前即为世人推崇。朱熹谓"放翁老笔尤健,在当今推为第一流";杨万里则誉之为"重寻子美行程旧,尽拾灵均怨句新"。其经历丰富,视野阔大,师法广泛,故能突破江西诗派藩篱自成一家。形成豪宕丰腴之特色。其诗"多豪丽语,言征伐恢复事",读之令人荡气回肠。代表作有《关山月》、《书愤》等。写景纪游诗如《游山西村》、《怡斋》等情景融洽。其诗风格多样富于变化,汪琬以为南宋诗坛可称大家者仅陆游一人。亦擅词,杨慎言"放翁词纤丽处似淮海,雄慨处似东坡"。文亦堪称大师,《入蜀记》写景传神,引人入胜。其四六文以单行之神入排偶之中,富于创新。著有《老学庵笔记》、《剑南诗稿》、《渭南文集》、《放翁逸稿》、《南唐书》等。

陆游是南宋著名诗人,与范成大、杨万里、尤袤并称"四大家";他写的词也很优美动人,尤以《钗头凤》最为世人传诵。

南宋时,英俊潇洒的青年诗人陆游与美丽多才的表妹唐琬成了亲。

陆游和唐琬从小青梅竹马,成婚后,两人情投意合,恩爱非常。

却不料陆游的母亲对唐琬非常不满,硬逼着儿子把妻子休掉。

陆游虽然不想休弃恩爱的妻子,可是,在封建社会里,母命难违。他只得让妻子搬住在外借的房子里,瞒着母亲暗中与妻子相会。

但这件事很快给陆母知道了,她非常生气,带了家人吵上门去。幸好陆游与唐琬事先已得到消息,机警地躲开了。

陆游见事情已经败露,无法再相会,只得被迫分离。后来,陆游另娶了王氏,唐琬改嫁赵士程。

这对恩爱夫妻虽然被活生生拆散了,但他们心中仍爱恋着对方。

十年后的一个春天,陆游到会稽(今浙江绍兴)禹迹寺南的沈园游玩。正巧唐琬随后夫赵士程也来沈园游春。

陆游与唐琬不期而遇地面对面走过,两人感到又是惊奇又是伤心,不知说什么才好。

唐琬和赵士程已经远去了,陆游还一人呆呆地站在那儿。

忽然,有个仆人手端酒菜,走了过来,对陆游说:"这是我家赵相公要我送来的。"陆游闹不清楚是怎么一回事,他吃惊地问仆人:"是哪一位赵相公?"仆

人答道:"就是那位带着家眷的赵相公啊!"

陆游一下子全明白了,这是赵士程按照唐琬的意思让仆人给自己送来的酒菜。陆游对着酒菜,望着一步步远去的唐琬的背影,心中更为哀痛。

这时候,陆游的一腔悲绪难以抑制,他拿出随身所带的笔砚,在沈园粉白的墙上,题了一首《钗头凤》词,"春如旧,人空瘦。泪痕红浥鲛绡透"就是这首词中的名句。

赏 析

"春如旧,人空瘦。泪痕红浥鲛绡透。"词句运用了移形换位的手法。陆游以自己的心情来度测唐琬的相思之苦,读来凄婉动人。"春如旧"三字中包含了多少往日的温柔缱绻,又蕴含了多少今日的伤感。"人空瘦"中的"空"字更突出了难圆旧梦的痛苦和无限的悲愤。"泪痕红浥鲛绡透"句中的一个"透"字,更将唐琬泪流潸潸、悲伤至极的形象如闻如见般地展现在读者的面前。读来回肠荡气,催人泪下。

春归何处？寂寞无行路

【名句】

chūn guī hé chù jì mò wú xíng lù
春 归 何 处？寂 寞 无 行 路①。

【出典】

黄庭坚《清平乐》。

【注释】

①无行路:没有留下行踪。

【译文】

春天回到了哪里？我找不到它的脚印,四面一片沉寂。

【原作】

春归何处？寂寞无行路。若有人知春去处，唤取归来同住。　　春无踪迹谁知？除非问取黄鹂。百啭无人能解，因风飞过蔷薇。

【作者小传】

黄庭坚(1045~1105)，北宋文学家、书法家。字鲁直，号涪翁，又号山谷道人。洪州分宁(今江西修水)人。与张耒、晁补之、秦观俱游苏轼门，时称"苏门四学士"，而黄庭坚于诗影响尤大，于元祐间即与苏轼并称"苏黄"。对诗歌创作有较为系统的理论主张：强调独创与个性，主张"以故为新，以俗为雅"，引其有"点铁成金"、"夺胎换骨"之论。其诗今存近2000首，内容除少量反映北宋中后期社会现实与民生疾苦的作品外，多为思亲怀友、感事抒怀、羁旅行役及书画题咏之篇章，较全面反映出宋代士大夫文人日常生活及精神世界。其诗语言生新瘦硬，音节拗峭挺拔，句意曲折跌宕。尤注意学杜甫，创拗律。以七律论，拗体几占半数。还长于书法，行草兼善，楷法亦自成一家，与苏轼、米芾、蔡襄合称"宋四家"。有墨迹《华严疏》、《松风阁诗》、《诸上座帖》等传世。著作有《像章黄先生文集》、《山谷诗内、外、别集》等。

黄庭坚在很小的时候，就聪明绝伦。5岁时就已经能够熟读五经（《诗》、《书》、《礼》、《易》、《乐》，是儒家的五部经典著作）。但是，他还不满足，他问他的老师说："学生听说有六经，怎么我只读了五经？"他的老师说："还有一经是《春秋》，但不值得去读。"黄庭坚听了，不以为然地说："既然都是经书，为什么不要读呢？"于是，他便去找到《春秋》，十天之内将其读完，熟记在胸，没有一字遗漏。

到他7岁那年，已经能作牧童诗，而且非常出众，远近闻名，人们称他为"神童"。年岁稍大，一次参加乡试时，主考官看了他的试卷，大为惊叹，在上面批了一行字："此人文才超人，将来一定会扬名四海。"果然，黄庭坚日后开创了江西诗派，名噪一时。

有一年暮春时候，黄庭坚问自己，春天到何处去了呢？她悄悄地离去没有一点儿痕迹。如果有人知道她的去处，请叫她回来与我们同住。此刻，他感到春天的踪迹确实无人能知,除非去问一下黄鹂鸟。但是,黄鹂鸟不停地鸣叫着,没有人能懂它叫的是什么意思,叫罢,它趁着风势飞过了蔷薇的花丛。于是,黄庭坚面对暮春景色,十分留恋,挥笔写下了《清平乐》词。"春归何处?寂寞无行路"便是这首词中的名句。

赏析

"春归何处?寂寞无行路。"这两句采用拟人手法,说春天已经悄然逝去了,连一点儿踪迹也没有留下,词人感到寂寞,感到无处觅得安慰,像失去了亲人似的。这样,通过词人的主观感受,反映出春天的可爱和春去的可惜,给读者以强烈的感染。

此心安处是吾乡

【名句】

cǐ xīn ān chù shì wú xiāng
此心安处是吾乡①。

【出典】

苏轼《定风波》。

【注释】

①此心:坦然之心。吾乡:我的家乡。

【译文】

只要是坦然之心的地方便是我的家乡。

【原作】

常羡人间琢玉郎,天教分付点酥娘。自作清歌传皓齿,风起,雪飞炎海变清凉。　　万里归来年愈少,微笑,笑时犹带岭梅香。试问岭南应不好?却道,此

心安处是吾乡。

【作者小传】(见第13页)

北宋时有个王巩,字定国,他的祖父王旦、父亲王素都是朝中大臣,家道显赫。

王定国爱好文学,跟着大文豪苏轼学写诗文,相当努力,对苏轼的人品也十分钦佩,常常是老师家的座上客。

王安石推行新法,苏轼由于观点不同,在某些诗词中有讥讽新法的诗句。王安石罢相后,新法与新党人物渐渐变质,一些借新法投机的家伙,乘机捏造无中生有的罪名陷害苏轼,把他从潮州捉到京师逼供,企图将他置于死地。这就是历史上著名的"乌台(御史台)诗案"。

老师倒了霉,学生也受到了牵累。不久,苏轼死里逃生,出狱贬官黄州。王定国则被贬到更偏僻遥远的宾州(在今广西),当了三年监酒税的小官。王定国家中有个歌女宇文柔奴,也陪伴主人一同到宾州生活。

王定国本是贵家子弟,突然遭此飞来横祸,已经够严重的了,不料三年之中,他和宇文柔奴又遭到许多折磨,弄得几乎死去。然而,即使这样艰难生活,他们也不悲伤绝望,只是默默地熬着过日子。

三年后,王定国和宇文柔奴才从贬谪地归来。苏轼闻讯,前去慰问叙旧,细细谈说别后的贬谪生活。好在双方都是胸怀宽阔的人,说到辛酸处一概看做过眼烟云,说到苦中作乐的温馨生活时又觉得欢欣愉快。

苏轼见宇文柔奴虽然清瘦了好多,看上去反而年轻了些,眉目依然娟丽,没有留下哀伤愁苦的痕迹,便问:"岭南的风土,该是不好吧?"宇文柔奴却含笑道:"岭南风土固然不能说好,然而,此心安处,便是吾乡,也就不管好不好了。"

苏轼听了大为感动,觉得她能这样安然地与王定国共度患难,实在难得,为了赞美她,便写了这首《定风波》词,"此心安处是吾乡"便是这首词中的名句。

赏析

"此心安处是吾乡",这句是宇文柔奴随被贬的王定国在广西谪居几年归来后,对苏轼问话的回答。苏轼专门作词以记之,不仅是对宇文柔奴善于应对的赞赏,也是对友人随遇而安,内心坦荡的共鸣和感叹,更是苏轼自己真实的情感。万万想不到的是,苏轼在写此词十年后也被贬到岭南。"此心安处是吾乡"成了他自己躬行体验的预言,也是苏轼坎坷一生从内心吐出的真话!苏轼这句名言启示我们:只要内心坦然,精神不垮,便能如白居易诗所云:"无论海角与天涯,大抵心安即是家。"

此恨平分取,更无言语空相觑

【名句】

cǐ hèn píng fēn qǔ　gèng wú yán yǔ kōng xiāng qù
此 恨 平 分 取①,更 无 言 语 空 相 觑②。

【出典】

毛滂《惜分飞》。

【注释】

①此恨:指人的生死离别。
②觑:细看。

【译文】

彼此相同的离愁别恨,相对无言只把泪眼细看。

【原作】

泪湿阑干花著露,愁到眉峰碧聚。此恨平分取,更无言语空相觑。　断雨残云无意绪,寂寞朝朝暮暮。今夜山深处,断魂分付潮回去。

· 29 ·

【作者小传】

毛滂(1064~约1124),北宋词人、诗人。字泽民,号东堂。衢州江山(今浙江江山)人。哲宗元祐间为杭州法曹,苏轼曾加荐举。官至祠部员外郎,知秀州,一生仕途失意。其词受苏轼、柳永影响,别树清圆明润一格。无秾艳词语,自然深挚,秀雅飘逸。对陈与义、朱敦儒乃至姜白石、张炎等人的创作都有影响。有《东堂集》,存词200余首。

故事

宋哲宗元祐初年(1086),苏轼镇守杭州时,毛滂担任法曹参军的职务,苏轼将他与平常人一般看待。毛滂与官妓琼芳相恋,法曹参军的任期已满,他不得不辞别杭州,于是写了一首《惜分飞》词赠送给琼芳。"此恨平分取,更无言语空相觑",便是这首词中的名句。

苏轼有一天宴请客人,听到歌妓唱《惜分飞》这首词,问是谁写的,歌妓回答说是毛滂。苏轼叹息地说:"杭州僚属中有词人而我竟不知道,这真是我的罪过啊!"于是,他立即裁纸写信把毛滂追回,热情地招待了好几个月。

赏析

"此恨平分取,更无言语空相觑。"这两句写黯然消魂的离别情景。古人说:"黯然消魂者,唯别而已矣。"况且,离愁对于双方是同样沉重的。但是地位的悬殊并没有阻止一个宦游四海的贵公子和一个烟花女子的倾心相爱,他们共同承受着离恨的折磨,不由得柔肠寸断。这两句纯乎写情,语浅情深,感人肺腑,表现了两人木然相对的绝望之情。

此情无计可消除，才下眉头，却上心头

【名句】

cǐ qíng wú jì kě xiāo chú　cái xià méi tóu　què shàng xīn tóu
此 情 无 计 可 消 除①，才 下 眉 头，却 上 心 头②。

【出典】

李清照《一剪梅》。

【注释】

①此情：思念之情。
②"才下眉头"二句：范仲淹《御街行》词："都来此事，眉间心上，无计相回避。"

【译文】

这种思念之情无法消除，紧锁的眉头刚刚松开，但在心里却又惦念开了。

【原作】

红藕香残玉簟秋。轻解罗裳，独上兰舟。云中谁寄锦书来？雁字回时，月满西楼。　花自飘零水自流。一种相思，两处闲愁。此情无计可消除，才下眉头，却上心头。

【作者小传】

李清照(1084~约1151)，南宋女词人。自号易安居士，婉约派代表词人。济南章丘(今属山东)人。生于历城西南柳絮泉。父亲是文学家李格非，母亲是状元王拱辰之女，也工文章。李清照早年生活在文化气息浓厚的家庭里。18岁时，与太学生赵明诚结婚。赵明诚著有《金石录》，李清照写了《金石录序》，详细记载了夫妻共同生活和对书画金石的爱好。北宋灭亡后，李清照夫妇仓皇南渡。1129年，赵明诚在建康(今南京)病故。

李清照诗、文、书、画皆能，尤擅长词。其创作在北宋和南宋呈现不同的特

点。她前期的词章，多数是描写闺中的生活情趣及大自然的绮丽风光，风格清新明丽，如《如梦令》二首，《凤凰台上忆吹箫》、《一剪梅》、《醉花阴》等，活泼清新、宛转曲折。进入南宋，其词则主要抒发伤时念旧和怀乡悼亡的情感，变早年的清丽、明快为晚年的凄凉、深婉。代表作有《永遇乐》、《声声慢》等。其填词，注重协律，崇尚典雅有情致。善用白描手法，通过写具体的行动或事物，将抽象的内心活动形象化。语言优美、精巧，却不雕琢求工。其诗所存无多，然题材较词宽广，且见解独特，如《咏史》、《夏日绝句》等。文有《金石录后序》等，该篇以金石聚散寓身世之感，质朴沉痛。另有《词论》一篇，见《苕溪渔隐丛话》，提出"词别是一家"之观点，并全面评论了北宋词人。原有集，已佚，后人辑有《李清照集》、《漱玉词》。

赵明诚，是礼部侍郎赵挺之的儿子，年已二十，尚未娶妻，赵挺之很为儿子的婚事着急。有一天，日上三竿，赵挺之还不见儿子起床，就去叫醒他。赵明诚睁开惺忪的睡眼，埋怨道："唉，干吗弄醒我，人家正在做好梦哩！"在父亲的催问下，赵明诚讲了梦中的奇事：一位白发银须的老道士从天而降，一面对他说："恭喜恭喜"，一面在他手上写道："言与司合，安上已脱，芝芙草除。"他不解其意，正要发问，道士已悄然而去，不见踪影。

赵挺之一听，闭目一想，然后恍然大悟："言与司合是'词'，安上已脱是'女'，芝芙草除为'之夫'。这四个字连起来是'词女之夫'，莫非天赐良缘，叫我儿娶个词女为妻不成？"

无巧不成书。李格非也在礼部任职，与赵挺之交往甚密。李格非的女儿李清照知书达理，才华出众，远近闻名。后经月老牵线，明诚与清照喜结良缘。婚后，两人志趣相投，有时泛舟河上，有时读书灯下。不久，明诚因公事要出远门，清照依依不舍。她深情地对丈夫说："夫君远游，我只身一人，好不寂寞，日后盼君多有鸿雁飞来。"说着，她取出一块方巾，写了《一剪梅》词，"此情无计可消除，才下眉头，却上心头"就是这首词中的名句。

赵明诚接过妻子的赠词，轻声吟诵，爱不释手。

赏 析

"此情无计可消除,才下眉头,却上心头。"这几句写一种离别的相思,牵动着万水千山之外你与我的闲愁。这种无法排除的相思离愁,刚刚从我微蹙的眉头消失,又迅速地缠绕在我的心头。这样写自己相思之苦、闲愁之深的同时,由己身推想到对方,深知这种相思与闲愁不是单方面的,而是双方面的。这几句围绕一个"情"字,由远及近,由浅而深,将别后的相思刻画得深挚感人,是历来为人称道的名句。

D

大江东去,浪淘尽、千古风流人物

【名句】

dà jiāng dōng qù　làng táo jìn qiān gǔ fēng liú rén wù
大　江　东　去①,浪　淘 尽、千 古 风 流 人 物②。

【出典】

苏轼《念奴娇·赤壁怀古》。

【注释】

①大江:指长江。
②风流人物:杰出的或英俊的人物,此指三国时代的豪杰们。

【译文】

长江水滚滚流向东方,千百年来杰出的人物消逝,就像那一去不返的波浪。

【原作】

大江东去,浪淘尽、千古风流人物。故垒西边,人道是、三国周郎赤壁。乱石崩云,惊涛裂岸,卷起千堆雪。江山如画,一时多少豪杰！　遥想公瑾当年,小乔初嫁了,雄姿英发。羽扇纶巾,谈笑间、樯橹灰飞烟灭。故国神游,多情应笑我,早生华发。人生如梦,一樽还酹江月。

【作者小传】(见第13页)

故事

苏轼因"乌台诗案"释放贬到黄州(今湖北黄冈)后,名义上是团练副使,实际上没有什么实事,而且不许签署公事,不许擅自离开黄州,完全是个流放的罪人。

由于收入菲薄,维持一家生活发生了困难。后来,有个朋友同情他的遭遇,帮他在上司面前说话,拨给苏轼一块荒地,让他开垦种植庄稼果蔬。那块地在黄州城东一个山坡上,苏轼把它叫做"东坡",并给自己起个号"东坡居士"。所以,后来人们习惯上称他为苏东坡。

黄州城西北是长江,江边有座"赤鼻矶",崖石峻奇,江面开阔,风景壮丽。当地人认为它是三国时期周瑜用火攻大破曹军的赤壁(经后人考证,赤壁大战应该在今湖北蒲圻西北的赤壁)。苏轼曾多次到那里游赏。

1082年七月十六日晚上,苏轼和朋友在赤壁下的江面上泛舟。清风在江面上缓缓拂过,水面平静无波。宾主在船上喝酒赋诗。不一会儿,一轮明月从东山上升起,徘徊在南斗星和牵牛星之间,白茫茫的水气笼罩在江面,江水和天空似乎连成一片。只觉得船好像凌空乘飞,人在船上也感到飘飘欲仙。

有个客人能吹洞箫,随着歌声吹起箫来。箫声幽咽,如怨如慕,如泣如诉,余音袅袅,不绝如缕。

苏轼觉得箫声很悲哀,就向宾客说:"你这是什么呀?"

宾客指着天空说:"'月明星稀,乌鹊南飞',这不是曹操在赤壁赋的诗吗?西面是夏口,东面是武昌,这不是曹操被周郎打败的地方吗?当他破荆州,下江陵,顺流而东时,临江饮酒,横槊赋诗,真是一世英雄,现在又在哪里呢?何况我们这种只是在江边捕鱼打柴的人,好像蜉蝣(fú yóu)在天地间寄托短暂的人生,渺小得像大海里的一粒粟,要像长江一样无穷,明月一样永存,是不可能的,所以要把这种感慨寄托在曲调之中罢了。"

苏轼说:"您了解江水和月亮吗?江水不断地在流,但始终不会流尽;月亮有圆有缺,但终没有消损和增长。如果从变的一面去看,那么天地也不过是一眨眼时间;如果从不变的一面去看,那万物和我们都是无穷尽的。再说,天地之间的万物各有主,如果不是我的东西,丝毫也不能取用。只有江上的明月和山间的清风,才取之不尽,用之不竭,才是大自然赐予我们共享的宝藏。"

宾客听了,也转悲为笑,重新斟酒再唱,一直吃到杯盘狼藉。大家在船上互相靠着入睡,直到东方发白。

苏轼把这次泛舟夜游经过写成了《前赤壁赋》;三个月后,他和友人重游赤壁,又写了《后赤壁赋》。这时,苏轼面对赤壁古迹,为了表达贬官生涯中的政治苦闷,也为了抒发江山永恒、人生短暂、人生如梦的感慨,情不自禁地吟出了《念奴娇·赤壁怀古》词,"大江东去,浪淘尽、千古风流人物"就是这首词中的名句。

赏析

"大江东去,浪淘尽、千古风流人物。"这几句词叹息长江东流,不舍昼夜;它催促光阴飞逝,也销蚀了古代英雄豪杰的生命。苏轼将万里长江和千古人物收入眼底,布置了一个极为广阔而悠久的空间时间背景。气象磅礴,境界雄阔,极豪放之致。这样语意奇妙、格调高昂的词,真是古今绝唱,确实要由关西大汉来放声而歌了;即使是柔弱的歌女,唱起这几句词来,也必然是雄赳赳、气昂昂,高亢入云的。

多情自古伤离别,更那堪冷落清秋节

【名句】

duō qíng zì gǔ shāng lí bié　gèng nǎ kān lěng luò qīng qiū jié
多　情　自　古　伤　离　别①,更　那　堪②冷　落　清　秋　节③!

【出典】

柳永《雨霖铃》。

【注释】

①多情:多情的人。
②那堪:哪里经得起。
③清秋节:凄凉肃杀的秋天。

【译文】

多情人自古就为离别忧伤,更何况在那深秋清冷的晚上。

【原作】

寒蝉凄切,对长亭晚,骤雨初歇。都门帐饮无绪,留恋处、兰舟催发。执手相看泪眼,竟无语凝噎。念去去、千里烟波,暮霭沉沉楚天阔。　　多情自古伤离别,更那堪冷落清秋节!今宵酒醒何处?杨柳岸、晓风残月。此去经年,应是良辰好景虚设。便纵有千种风情,更与何人说?

【作者小传】(见第17页)

故事

柳永的词,当时流传很广,有人实地观察后曾这么说:"凡有井水饮处,即能歌柳词。"

宋神宗开始也很喜欢柳词,但后来改变了,甚至不让柳永考中进士。这样一来,吏部自然不肯给他官做。后来,他改柳三变的名字为柳永,才中进士,当了地方上的一个小官。

有一年秋天,知了在树上叫得凄凉又急促,柳永离开汴京时与情人话别,在长亭不觉天色已晚,刚才的一阵骤雨开始停了。在这汴京郊外喝着送别的酒,饮不畅,吃不香,实在没有什么好情绪。正在恋恋不舍的时候,旅船上的人却已在催促快点儿出发。这时,柳永和情人握着手眼泪汪汪地相对看着,千言万语塞在喉头,却又一句话也说不出来。想到这次一程又一程地到南方去,路途是多么遥远,再抬头眺望那江南的天空,竟是夜雾迷漫一望无际。这时候,柳永自然而然地想到自古以来多情善感的人都为离别而悲伤,更何况是在这冷落凄凉的秋天时节,叫人怎么能忍受得了!今天夜里不知道在何方,忽然从醉中醒来,那时想必天已拂晓,眼前看到的只有杨柳岸边的晓风残月吧!这样长年累月地分别下去,就算遇到好日子、好风景,也只是白白地度过了。此刻,柳永为了描绘这次与情人分别的情景与心情,情不自禁地挥笔写了《雨霖铃》词,"多情自古伤离别,更那堪冷落清秋节",便是这首词中的名句。

赏析

"多情自古伤离别，更那堪冷落清秋节！"这两句写柳永离开汴京与恋人惜别时的真情实感，表达得缠绵悱恻，凄婉动人。"更那堪"一句，以伤秋烘托伤别，并将感情从普遍性引回特殊性。画面充满了凄清的气氛，客情之冷落，风景之清幽，离愁之绵渺，完全浓缩在这画面中。因此这两句情景交织，以景会情，意致绵密，笔端传神，不愧为脍炙人口的千古名句。

断无蜂蝶慕幽香，红衣脱尽芳心苦

【名句】

断无蜂蝶慕幽香①，红衣脱尽芳心苦②。

【出典】

贺铸《踏莎行》。

【注释】

①断无：绝对没有。
②红衣：红色的荷花花瓣。芳心：莲心。

【译文】

绝没有蜂蝶恋清香，荷花脱尽红色的花瓣，只留下苦涩的莲子。

【原作】

杨柳回塘，鸳鸯别浦，绿萍涨断莲舟路。断无蜂蝶慕幽香，红衣脱尽芳心苦。　　返照迎潮，行云带雨，依依似与骚人语。当年不肯嫁春风，无端却被秋风误。

【作者小传】

贺铸(1052~1125),北宋词人。字方回,号庆湖遗老。原籍山阴(今浙江绍兴),生长卫州(今河南卫辉)。宋太祖贺皇后族孙。其词内容与辞藻并重,兼具婉约与豪放风格。代表作有《青玉案》、《鹧鸪天》、《台城游》、《六州歌头》等。其诗亦有佳作,如《望夫石》、《游金陵雨花台》、《送武庠归隐终南》。著有《庆湖遗老集》、《东山词》等传世。

故事

贺铸为人豪爽,喜论时弊,不畏权贵,故不为当权者所容,所以一生仕途并不顺利。

有一年秋天,贺铸来到荷花池边,这里长着许多杨柳,鸳鸯嬉游在幽静的港汊里,绿色的浮萍密密层层,涨断了采莲小舟的水路。荷花盛开,幽香四处飘散,而寻香觅蜜的蝴蝶和蜜蜂却不见踪影。荷花凋谢了,只留下带苦味的莲心。

这时候,返照在水波上的余晖,迎来了涌入浦口的潮水,天空飘过的阴云,带着凄凄的秋雨。

贺铸面对荷花,想到它日复一日,年复一年,开了又落,落了又开,似乎也感到无限的寂寞,无人理解的痛苦。它好像要告诉词人:我不肯在春花烂漫的时节争芳斗艳,却无端地被秋风埋没。

贺铸想着想着,自己不是与荷花一样吗,有才能没人发现,年复一年虚度光阴,于是写了一首歌咏荷花的词——《踏莎行》,"断无蜂蝶慕幽香,红衣脱尽芳心苦",便是这首词中的名句。

赏析

"断无蜂蝶慕幽香,红衣脱尽芳心苦。"这两句把荷花比作亭亭玉立的美人。句中的"红衣"、"芳心",系拟人化手笔,以荷花无人赏识、孤苦寂寞、芳华零落来寄寓词人自己孤芳自守、美人迟暮的哀感。巧妙地将咏物、拟人、托寓结合在一起,虚实相应,神形兼俱,堪称画工之笔。

稻花香里说丰年,听取蛙声一片

【名句】

dào huā xiāng lǐ shuō fēng nián　tīng qǔ wā shēng yí piàn
稻　花　香　里　说　丰　年①,听　取　蛙　声　一　片②。

【出典】

辛弃疾《西江月·夜行黄沙道中》。

【注释】

①说丰年:告诉我这是丰收之年。
②听取:听到。

【译文】

稻花飘香,一片蛙鸣,那蛙声也像在诉说丰收的年景。

【原作】

　　明月别枝惊鹊,清风半夜鸣蝉。稻花香里说丰年,听取蛙声一片。　七八个星天外,两三点雨山前。旧时茅店社林边,路转溪桥忽见。

【作者小传】(见第4页)

　　有一年夏天的一个晚上,辛弃疾因事奔走在上饶一处叫黄沙岭的途中。山中白天的景色宜人,夜间的景色则更加优美。只见玉盘般的月亮离开树枝挂在中天,清辉般的月光惊动了栖息在巢里的鸟鹊,它们喳儿喳儿地啼叫起来。清风徐徐吹来,树梢发出"沙沙"的响声,吵醒了蝉儿,它们便也应和着鸟鹊的啼声鸣叫了起来。这山间的夜是如此充满着闹意,全然没有了那种静谧(mì)感。

这时候,随风飘来了浓浓的稻花香味,令人陶醉。山乡野居的农人在乘凉,尚未入睡。他们在兴致勃勃地谈论着今年的收成,声调欢快、热烈。

走着走着,辛弃疾抬头望,天上已经起了变化!月亮和夜空被团团的乌云遮住,远远的,只有很少几颗星在眨着眼。这是要下雨的兆头。辛弃疾脚下不由加快了步子。不一会儿,山前洒下了几滴雨星,过云雨来了。人在山中行,又没有带雨具,再下大了往哪儿去躲雨呢?这时候,辛弃疾又急又愁,他紧走了几步,过了小溪上的桥,猛然间,峰回路转,他不由大喜过望。前边不远的社林边,不就是他从前曾经住过的小店吗?太好了,暂且进去躲躲雨吧!

那天晚上睡觉前,辛弃疾把当天在黄沙岭途中体会到的大自然和田园风光的深切感受,欣喜地写下了脍炙人口的《西江月·夜行黄沙道中》词,"稻花香里说丰年,听取蛙声一片",就是这首词中的名句。

赏 析

"稻花香里说丰年,听取蛙声一片",这两句以轻快活泼的笔调描绘了农村的夏夜景色:稻花香,青蛙叫。作者对农村丰收的欢快心情和这些美丽的景物融合在一起了。作者能抓住山野间夜景的一些特征,用疏淡优美的辞句记录了它的形象,把丰收的喜悦和欢闹从稻香、蛙声中托出,极具神韵,构成了清疏淡远的意境,是常被人们称道的名句。

当年万里觅封侯,匹马戍梁州

【名句】

当年万里觅封侯①,匹马戍梁州②。
dāng nián wàn lǐ mì fēng hóu　pǐ mǎ shù liáng zhōu

【出典】

陆游《诉衷情》。

【注释】

①万里觅封侯：东汉名将班超，投笔从戎，出使西域立了大功，被封为定远侯。

②梁州：在今陕西汉中，作者曾在该地充任军职。

【译文】

当年远行万里为建功，匹马单身投军到梁州。

【原作】

当年万里觅封侯，匹马戍梁州。关河梦断何处。尘暗旧貂裘。　　胡未灭，鬓先秋，泪空流。此生谁料，心在天山，身老沧洲。

【作者小传】（见第23页）

宋宁宗嘉定二年(1209)立秋后，陆游病倒了，而且病得很重。虽然，最近一两年，陆游常常生病，时好时坏，反复了好几次。但是，前几次的毛病都比较轻，吃了一点儿药以后，病势就慢慢地好转了。有的时候，他还能勉强支撑着，到外面去走动走动。到了冬天的时候，他还能走出来坐在门口晒晒太阳。到了夏天，病好了，他还能乘着船到湖上去游荡。有时候精神不大好，就叫家里人扶着，走出篱门，沿着门口的一条水流清澈的小溪，一面散步，一面欣赏着那小桥流水、绿树成荫的美丽的自然景色。

有一次病好后，他感到自己的精神很好，独自一个人拄着拐杖到野外散步。他有好几个月没有到野外去了，现在走到宽广而清新的田野上，看到刚种下去的庄稼，看到在地里勤快地耕作着的乡亲们，顿时产生一种心旷神怡的愉快感觉。

特别是到了春天，每当牡丹盛开的时候，他总是不肯放弃欣赏的机会。

有一天，他听说村东头一户人家的牡丹花开得特别茂盛，连忙叫家里人扶着他去观赏。但是，当他看到鲜艳夺目的牡丹花时，就很自然地联想起洛阳城来。因为洛阳是个产牡丹花的城市，然而，现在还沦陷在金人手里。老人想到这里，没有心思再欣赏下去，他怀着无比伤感的心情回到了家中。老人一生抱恨的

是看不到中原的收复,感叹的是自己不能驱逐敌人了。当他看见自己过去穿的貂(diāo)皮军服,积满了灰尘,感到悲愤。往事又一幕一幕地在脑海里浮现。想起当年为了寻找建功立业的机会,单枪匹马北上,来到汉中,过着军营生活,守卫着前线险要的地方,种种情景就仿佛是做梦一般。如今自己变成白发苍颜的老人了,额头边的鬓发早已像秋天的霜那样白了,而中原一直没有收复,敌人没有消灭。陆游一心想在前线杀敌报国,谁能料到自己将要老死在家乡镜湖边的草房呢!想到这些,陆游热泪盈眶,感慨万端。他取出笔、砚,慢慢地舒展开笺纸,挥笔写了《诉衷情》词,"当年万里觅封侯,匹马戍梁州",就是这首词中的名句。

赏析

"当年万里觅封侯,匹马戍梁州",这两句是作者回忆以往的战斗生活。其中暗用了班超投笔从戎的典故。《后汉书·班超传》载,班超少有大志,曾毅然投笔从戎,在西域屡立战功,被封为定远侯。陆游亦有此远大志向,愿像班超那样,为国平定外患,打败金虏,建功立业。"匹马戍梁州"形象地再现了陆游当年的勃勃英姿。他在南郑时,经常单身匹马,来于前方"干办公事"。

多情谁似南山月,特地暮云开

【名句】

多情谁似南山月①,特地暮云开②。

【出典】

陆游《秋波媚》。

【注释】

①多情:富有感情。
②暮云:傍晚时的云。

43

【译文】
南山的月亮最多情,拨开云朵露面容。

【原作】
秋到边城角声哀,烽火照高台。悲歌击筑,凭高酹酒,此兴悠哉。　多情谁似南山月,特地暮云开。灞桥烟柳,曲江池馆,应待人来。

【作者小传】(见第 23 页)

故事

宋孝宗乾道八年(1172),陆游来到了南郑。

他从 20 岁怀着"上马击狂胡,下马草军书"的壮志投军报国,到如今当自己 48 岁时,才如愿以偿,终于亲临抗金前线。欢快的心情难以用语言表达。以前的一切不快,一切颓唐,一下子都为兴奋取代了。

转眼之间,春去、夏逝,秋又来了。七月十六日的夜晚,在异常皎洁的月色里,陆游与同僚们登上南郑城内西北角的高兴亭。

此亭遥对长安城南的南山。长安,这座中原名城,此时已是敌人的西北军事重镇。长安城里的爱国人民,经常冒着生命危险,为宋军送来军事情报。有时还将洛阳的春笋和黄河的鲤鱼带过来,以表达他们不忘故国之恩。

在这与敌人近在咫尺的地方,面对着喝得酒酣耳热的幕府同僚们,和弹着琵琶,奏着羯鼓的红袖青衫的歌女们,陆游禁不住豪情万丈,即席挥毫,写下了这首《秋波媚》词,"多情谁似南山月,特地暮云开",便是这首词中的名句。

赏析

"多情谁似南山月,特地暮云开。"这两句写南山上多情的月,也与词人有同样的情感特地将乌云拨开,露出自己圆圆的脸儿来,使人们更加看清久盼的长安。句中云月"多情",这是词人拟人化笔法产生的奇特艺术效果,也从中透露出词人对故国江山的眷恋之情。用如此平易自然的语言来表现如此悱恻缠绵、深挚炽烈的情感,在宋词中是不多见的名句。

E

二十四桥仍在,波心荡,冷月无声

【名句】

èr shí sì qiáo réng zài　bō xīn dàng　lěng yuè wú shēng
二十四桥仍在①,波心荡②,冷月无声③。

【出典】

姜夔《扬州慢》。

【注释】

①二十四桥:据宋沈括《梦溪笔谈》记载,唐时扬州共有二十四座桥,故名。另据传说,古代曾有二十四位美女在扬州西郊的吴家砖桥吹箫,故称吴家砖桥为二十四桥。

②波心荡:波心荡漾着一轮明月。

③冷月无声:在寒冷的江水摇荡,没有听见"玉人"吹箫的声音。

【译文】

二十四桥仍然还在,只是那桥下的流水微波荡漾,印着湖心默默无语的一弯冷月。

【原作】

淮左名都,竹西佳处,解鞍少驻初程。过春风十里,尽荠麦青青。自胡马窥江去后,废池乔木,犹厌言兵。渐黄昏,清角吹寒,都在空城。　　杜郎俊赏,算

而今、重到须惊。纵豆蔻词工,青楼梦好,难赋深情。二十四桥仍在,波心荡,冷月无声。念桥边红药,年年知为谁生!

【作者小传】(见第15页)

故事

"隆兴和议"以后,宋、金双方维持几十年和平时期。南宋君臣又渐渐地忘却了靖康国耻,陶醉在歌舞升平的生活之中。一些爱国志士反对偏安,主张再次北伐,为此奔走呼号,但终究没有能够实现。

这时,在文学上出现了一些讲求声律、雕琢辞藻的词人,像姜夔、吴文英、史达祖等,他们在政治上无所作为,但在诗词方面都有独到的成就。

姜夔曾隐居吴兴白石洞,世称为白石道人。这"道人"并不是指他当过道士,而是表示他有一种飘逸高洁的气质。

姜夔的父亲曾在汉阳当过县官。父亲死后,他依靠姐姐生活。父亲留给他许多藏书,从小就钻研学问,尤其爱诗词。到青年时期,就已经是崭露头角的词人。

22岁那年,他路过江苏扬州。扬州自古是繁华的都市,是商贾云集、歌舞游历的胜地。晚唐诗人杜牧曾有不少名诗赞赏扬州的风月繁华。如"春风十里扬州路,卷上珠帘总不如","二十四桥明月夜,玉人何处教吹箫"等。自从金主完颜亮侵掠扬州以后,扬州城被洗劫一空。

姜夔到扬州时,正是冬至日傍晚,大雪初晴。在当年被杜牧誉为"春风十里"的扬州路上,只见遍野一片野麦。进了城,更是荒凉,留下的荒废池塘、兀立的乔木,似乎在诉说这场残酷的战争。一到晚上,四周响起号角声,给空城增添了无限的悲凉。

姜夔面对扬州不胜感慨,情不自禁地挥笔写了《扬州慢》词,"二十四桥仍在,波心荡,冷月无声"就是这首词中的名句。

赏析 shang xi

"二十四桥仍在,波心荡,冷月无声。"这三句写词人来到瘦西湖边,虽然看

到二十四桥侥幸还在,但桥下的流水微微荡漾,波心映照的是一湾默默无语的冷月。"二十四桥"是化用唐代诗人杜牧"二十四桥明月夜,玉人何处教吹箫"诗境,扬州原是风月浪漫、繁华风流之地,而战争使这一切都荡然无存,只留下凄楚悲凉,这伤今怀古的情怀感人肺腑、发人深思。此外,句中的波心、冷月,作为渲染衬托,结出物是人非、念乱伤离的一怀哀愁。

风高浪快,万里骑蟾背。曾识姮娥真体态

【名句】

fēng gāo làng kuài wàn lǐ qí chán bèi   céng shí héng é zhēn tǐ tài
风 高 浪 快, 万 里 骑 蟾 背①。曾 识 姮 娥 真 体 态②。

【出典】

刘克庄《清平乐·五月十五夜玩月》。

【注释】

①蟾:蟾蜍,这里指月亮。《后汉书·天文志》刘昭注引张衡《灵宪浑仪》:"羿请无死之药于西王母,姮娥窃之以奔月,……是为蟾蜍。"

②姮娥:奔月之嫦娥。

【译文】

耳畔风声呼呼浪花飞快退去,万里飞行入月宫,原本认识嫦娥的真体态。

【原作】

风高浪快,万里骑蟾背。曾识姮娥真体态,素面原无粉黛。　身游银阙珠宫,俯看积气濛濛。醉里偶摇桂树,人间唤作凉风。

【作者小传】

刘克庄(1187~1269),南宋诗人、学者。初名灼,后更名克庄。字潜夫,号后

村居士,谥文定。莆田(今福建莆田)人。宁宗嘉定二年(1209)以荫补将仕郎,十七年(1224)知建阳令,因咏《落梅》诗得罪权贵,免官家居十年。后通判吉州。景定元年(1260)授兵部侍郎兼中书舍人,因弹劾权相史嵩之,又被免官。度宗咸淳四年(1268)特授龙图阁直学士。其诗初学"四灵",曾受叶适赏识,后又学晚唐姚合、贾岛、许浑、王建等,与江湖诗人戴复古、敖陶孙交往。后眼界渐宽,渐觉江西诗派"资书以为诗失之腐",晚唐诗体"捐书以为诗失之野","四灵"则寒俭刻削,江湖派又肤廓泛滥。内忧外患之下,转而推崇陆游、辛弃疾。其后又转而学习杨万里诗风,《小寺》、《晚春》等质朴清新。晚年则渐趋潦倒,诗亦渐趋颓唐。有《后村大全集》传世。

故事

有一年五月十五夜,月光皎洁,刘克庄驰骋大胆而丰富的想象,自己遨游月宫。起初,他驾着一片祥云,乘着天风在万里太空中快速飞行。他要前往月宫,去见美丽的嫦娥。他自称原先来自天上,与嫦娥相识,嫦娥的一举一动,一笑一颦,他都非常熟悉。她国色天香,玉肤润脂,不施粉黛,素面姣洁,楚楚动人,她的形象正是月亮的象征。后来,词人在玉宇珠宫中遨游,从寥廓的太空里俯瞰人间。只见云气厚重,氤氲叠生,全然望不见下界的情景,显然,他已经远远地离开了尘世。他美美地喝够了月宫中酿制的桂花酒,醉醺醺地轻轻地摇了摇月中芳香的桂树。没想到这一摇竟在人间化作了一股清凉的风,吹进田间地头、千家万户,这使他感到十分惊奇,高兴不已。

当夜,词人刘克庄玩月归来,把刚才出神入化的想象,铺纸研墨,挥笔写下了《清平乐》词,"风高浪快,万里骑蟾背。曾识姮娥真体态"就是这首词中的名句。

赏析

"风高浪快,万里骑蟾背。曾识姮娥真体态。"这几句写万里飞行月宫,识得嫦娥真面目。"骑"、"曾"二字深得炼字之妙。词人描写飞到月宫,只用"骑"字,不但气魄宏大,而且景象绮丽,勾出一幅仙人骑蟾在宇宙中遨游的壮丽画面,真有气吞宇宙之势。"曾"字与苏轼《水调歌头》"我欲乘风归去"的"归"字有异曲同工之妙。意思是说,我原是从天上来的,本来和嫦娥认识,知道她的真面目,这次不过是旧地重游罢了。

富贵本无心,何事故乡轻别

【名句】

fù guì běn wú xīn　hé shì gù xiāng qīng bié
富　贵　本　无　心①,何　事　故　乡　轻　别②?

【出典】

胡铨《好事近》。

【注释】

①富贵:做官发财。
②何事:因什么事。轻别:轻率离开。

【译文】

本无心于做官发财,是什么原因竟使自己轻率地离开家乡?

【原作】

富贵本无心,何事故乡轻别?空使猿惊鹤怨,误薜萝秋月。　　囊锥刚要出头来,不道甚时节!欲驾巾车归去,有豺狼当辙!

【作者小传】

胡铨(1102~1180),南宋文人、学者。字邦衡,号澹庵,谥忠简。庐陵(今江西吉安)人。高宗建炎二年(1128)进士,授抚州军事判官。绍兴七年(1137)为枢密院编修官。绍兴八年,因上书反议和,乞斩秦桧,诏除名流昭州,绍兴十八年谪移吉阳军。绍兴二十六年桧死,遂移衡州。孝宗即位,复左奉议郎知饶州。隆兴元年(1163)迁秘书少监。后因不附和议,出为措置浙西、淮东海道,亲率兵士御敌。淳熙七年(1180)除宝文阁待制,加资政殿大学士致仕。为人忠正尚气节,其作《上高宗封事》慷慨陈辞,使朝野震动。《应诏言事状》、《上孝宗封事》亦视死如归、激昂闳切。所作诗词亦恢奇高响,多愤激慷慨语。如词作《好事近》辞意峻切,凛然无畏。诗作《次雷州朱彧秀才韵时欲渡海》写不屈之志,铮铮凛然。有

· 50 ·

《胡澹庵先生文集》、《澹庵长短句》传世。

故事

  1138年,奸臣秦桧取得宋高宗信任,排挤宰相赵鼎,独揽朝中大权。他不顾群臣反对,竭力主张对金屈辱求和,引起了胡铨的强烈不满。

  这年秋天,秦桧派端明殿学士王伦为计议使,前往金国求和。金人气焰嚣张,在同南宋政府往来通问的时候,竟然用了"诏谕江南"的说法(君主对臣下的口气)。面对这种奇耻大辱,胡铨感到再也无法忍受下去了。

  于是,胡铨怀着极其愤慨的心情写了一封奏疏给朝廷,历数秦桧、王伦等的误国之罪,请高宗立即把他们斩首示众,并且扣留金使,兴师问罪,以激励民心和士气,否则自己宁可投海而死,也不愿在小朝廷忍辱偷生。

  但是,这时的宋高宗早已把对金求和作为既定国策,根本听不进胡铨的忠谏。为安抚秦桧等人,他竟把胡铨撤职除名,发配昭州(今广西平乐)编管,同时下诏播告中外。

  高宗的这一处置,在朝臣中引起了震动。许多正直的官员纷纷上书营救,请求朝廷收回成命。高宗和秦桧迫于公论,只好把对胡铨的处分从编管昭州改为监理广州盐仓,后来又迁任威武军(治所在广州)判官。

  1141年,高宗和秦桧合谋杀害了抗金名将岳飞,同金朝签订了丧权辱国的和约。第二年,金人派使者册封高宗为皇帝,同时宣称将遣送以前俘虏的宋太后韦氏返回临安。秦桧竟把这些当做喜事向高宗祝贺。

  由于主和有功,秦桧被加赠太师,晋封魏国公,地位更加显赫。这时他把胡铨押送到新州(今广东新兴)编管。

  胡铨在新州度过了六年谪居生活。他想起当初离开故乡去扬州赴考,就是要为处在危亡中的国家效力,谁知自己的一腔热血、满腹忠诚,却换来了如此不幸遭遇。他心里不由感到一种难言的痛苦。为了抒发自己的愤懑,他写了一首《好事近》词,"富贵本无心,何事故乡轻别"便是这首词中的名句。

赏析

  "富贵本无心,何事故乡轻别?"这两句含意颇深。一方面表明自己不追求

富贵的胸襟;一方面表明自己轻易地抛家舍业是为了国家和人民;另一方面也有深受奸贼迫害、壮志难酬的怨怼。此外,这两句也谴责了当时那个忠奸不分、黑白颠倒的社会,反映了他自己不想做官发财,而轻率地离开家乡的矛盾心理。

G

更能消、几番风雨,匆匆春又归去

【名句】

gèng néng xiāo　jǐ fān fēng yǔ　cōng cōng chūn yòu guī qù
更　能　消、几　番　风　雨①,匆　匆　春　又　归　去②。

【出典】

辛弃疾《摸鱼儿》。

【注释】

①更能消:经得起。
②匆匆:很快,时间短暂。

【译文】

如今已是暮春天气,还能经得起几番风雨!可爱的春光啊,即将匆匆归去。

【原作】

更能消、几番风雨,匆匆春又归去。惜春长怕花开早,何况落红无数。春且住,见说道,天涯芳草无归路。怨春不语。算只有,殷勤画檐蛛网,尽日惹飞絮。

长门事,准拟佳期又误。蛾眉曾有人妒。千金纵买相如赋,脉脉此情谁诉?君莫舞,君不见,玉环、飞燕皆尘土!闲愁最苦。休去倚危栏,斜阳正在、烟柳断肠处。

53

【作者小传】(见第4页)

故事

宋孝宗淳熙六年(1179)七月的一个中午,宋孝宗赵睿躺在皇宫内殿里的御榻上正在美美地睡午觉。醒来的时候,看到案头放着一张素笺。

他伸手把那张素笺拿起来,略略地看了一个遍。这一看不要紧,把他气得七窍生烟,他气急败坏地把那张素笺扔在桌案上。

这时,内侍捧来了一盏龙井茶,看皇上怒气满面,便轻声说道:
"请陛下用茶。"

赵睿好像没听见一样,伸手重新把素笺拿在手中。

素笺上面是用工楷抄写的一首词,词牌是《摸鱼儿》,下面有个小序。小序的前面,写着一个刺眼的名字:"辛弃疾"。

原来,辛弃疾在滁州不到两年,就被调回朝中任职。从那以后,他又像走马灯似的在江西、湖南、湖北等地调来调去,这使他失去了为抗金北伐扎扎实实干一番事业的机会。这使他既为主和派小人们对他的忌妒、排挤而愤懑,更为国家的前途命运而担忧。

到了这一年的春天三月,辛弃疾由湖北转运副使,改任湖南转运副使,同僚王正之在小山亭设宴为他送行,他便即席写了这首《摸鱼儿》词,"更能消、几番风雨,匆匆春又归去",便是这首词中的名句。

赏析

"更能消、几番风雨,匆匆春又归去。"这两句作者以反语的语气,把人带入感伤的境界中。用晚春风雨,象征南宋局势的危迫,如同大好的春光经不起"几番风雨"一样,国家再也经不住几次打击了,目前的苟安局面很快就再难以维持下去了。名句中的"风雨",既指自然界中的风雨,更指当时的国家时局。

归去来兮,吾归何处

【名句】
guī qù lái xī　wú guī hé chù
归 去 来 兮①,吾 归 何 处②?

【出典】
苏轼《满庭芳》。

【注释】
①兮:语气助词"啊"。
②吾归:我的归宿。

【译文】
归去啊！我的归宿在何处?

【原作】
归去来兮,吾归何处?万里家在岷峨。百年强半,来日苦无多。坐见黄州再闰,儿童尽、楚语吴歌。山中友,鸡豚社酒,相劝老东坡。　云何,当此去,人生底事,来往如梭。待闲看秋风,洛水清波。好在堂前细柳,应念我,莫剪柔柯。仍传语,江南父老,时与晒渔蓑。

【作者小传】(见第13页)

宋神宗元丰七年(1084),神宗皇帝决定把苏轼调离京城近一些,于是下了一道手诏,说:"苏轼罢官后能够认识错误,并且时间也不短了。得到一个人才不容易,不能永远不用他。"诏命把苏轼从黄州调到汝州(今河南省临汝县)。

这年三月初三,苏轼向邻居家要了一株橘子树苗,并买了一只大木盆,他把树苗栽到东坡雪堂的院子里,浇上水。正在计算着何时能结橘子时,皇帝的诏命来了。

苏轼不得不与黄州的父老乡亲告别,也舍不得离开自己经营的东坡。但是,皇帝的诏命是不能不执行的。他只好前往汝州。

汝州,当时是个繁华的地方,在今河南省的西部。若从陆路走,应该往西北去,距离就比较近。但是,苏轼决定走水路,即沿长江而下,过九江、金陵(今南京)、京口(今镇江),然后顺大运河、淮河溯上汴京、洛阳,最后到达汝州。

苏轼决定走水路,有这样几个原因:一、他想顺路去看看在筠州的弟弟苏辙;二、长子苏迈最近被任命为德兴(今属江西省)县尉,也顺路;三、想沿路看一看老朋友,像金陵的王安石等;四、几年来在黄州闷得够呛,这样走也可散散心。

苏轼在黄州一住五年,他和当地的父老乡亲处得很好。大家虽然离不开他,但对皇帝还能记起他也感到高兴。他们聚集在长江岸边给苏轼送行,其中有老的,也有少的,有地位高的,也有地位低的。大家看着他的船顺江而去,久久不愿离开。

为此,苏轼当年四月离开黄州时,向东坡邻里告别,内心激动万分,于是作了首《满庭芳》词,"归去来兮,吾归何处"便是这首词中的名句。

赏 析

"归去来兮,吾归何处。"这句名句源自陶渊明的《归去来辞》。苏轼不仅非常敬佩陶渊明不肯为五斗米折腰的骨气与精神,而且对陶渊明崇尚自然、回归自然的思想有强烈的共鸣。被贬黄州时,苏轼即把东坡雪堂比作陶渊明的斜川,将《归去来辞》稍加隐括而使家僮歌之,常扣牛角以为节,不亦乐乎!苏轼倾心于陶渊明的为人,并常以陶渊明自托。"归去来兮,吾归何处?"正是苏轼爱陶、敬陶、学陶的理想与被害、被贬、被谪的现实碰撞的火花,也是苏轼内心希望回归的感叹!

H

花影乱,莺声碎。飘零疏酒盏,离别宽衣带

【名句】

huā yǐng luàn　yīng shēng suì　piāo líng shū jiǔ zhǎn　lí bié kuān yī dài
花　影　乱①,莺　声　碎②。飘　零　疏　酒　盏③,离别　宽　衣　带。

【出典】

秦观《千秋岁》。

【注释】

①花影乱:枝叶繁茂,花随风动。
②莺声碎:黄莺轻啼,声声萦绕。
③疏酒盏:很少饮酒。

【译文】

因心情不好而感到花影凌乱,黄莺声碎。独自云游在外又很少借酒解愁使人消瘦。

【原作】

水边沙外,城郭春寒退。花影乱,莺声碎。飘零疏酒盏,离别宽衣带。人不见,碧云暮合空相对。　忆昔西池会,鹓鹭同飞盖。携手处,今谁在?日边清梦断,镜里朱颜改。春去也,飞红万点愁如海。

【作者小传】

秦观(1049~1100),北宋词人。字少游,一字太虚,号淮海居士。高邮(今属江苏)人。秦观为苏门四学士之一,工诗、词、文,尤以词著名。其词语工入律,情韵兼胜,凄婉清丽,典雅流畅,为北宋重要之婉约词人。词多写男女情爱,如《满庭芳》、《鹊桥仙》、《望海潮》、《千秋岁》,哀感顽艳,自然浑成,耐人涵咏。有的词则气势宏伟,意境壮阔,如《望海潮》诸篇,风格几乎与苏词相近。《调笑令》十首咏古代美人,每首均以诗词相间,叙事抒情,歌舞相兼,形式较富变化,对后世戏曲发展不无影响。其诗清新婉丽,"有情芍药含春泪,无力蔷薇卧晚枝"(《春日五首》),代表了秦观"女郎诗"特色。其文章学西汉,《黄楼赋》气势雄健,瑰玮宏丽。有《淮海集》四十卷,又《后集》六卷,《长短句》二卷。

故事

在宋元丰年间,秦观已经36岁了,这时才在苏轼的极力推荐下,得以考中进士,开始仕途生涯。

步入仕途,秦观先被朝廷派到定海去做了一个小官,接着又调到河南蔡州去做管理学校的官。到了宋哲宗元祐元年(1086),苏轼又与其他一些朋友向朝廷推荐秦观,以期能使他受到朝廷的重用,发挥聪明才智,为国家作出贡献。可是,有些嫉贤妒能之人却出来百般阻挠,最后不能如愿。宋元祐四年(1089),秦观不甘久居人下,便又去应科考试,后来被朝廷任命为宣教郎之职。这一时期他的仕途还较为顺利,不久官职提升,又调入国史院做了编修官。但此时他的生活还是较清贫的。

虽身为京官,却无时不为衣食所愁。家里竟多时"食粥"度日,有时为了不至于断粥,只好把衣服拿去当掉。

宋绍圣元年(1094),宋哲宗亲自执掌朝政,新派人物上台,接着而来的便是元祐时的旧党遭到排挤、打击。秦观由于与苏轼兄弟关系亲密,便也列为旧党,被朝廷赶出京城,派到杭州去做通判,继而又因御史刘拯检举秦观"增损实录",中途再次被贬到处州。

不久,朝廷再次对他降罪,于宋绍圣三年(1096),贬谪到郴州。

第二年再贬到横州。三年之后,又贬到远在天涯海角的广东雷州半岛的雷州。

一连串的打击,使秦观的理想破灭了,使他的情绪非常低沉忧郁,这时,为了发泄内心的愁苦,他挥笔写了《千秋岁》词,"花影乱,莺声碎。飘零疏酒盏,离别宽衣带"便是这首词中的名句。

赏析

"花影乱,莺声碎。飘零疏酒盏,离别宽衣带。"这几句借写离情来抒发政治失意之感。从字面上看虽然写春日谪居时的忧愁,但内容已不局限于个人的身世之恸,而是曲折地反映出北宋中后期朝廷内部的复杂政治斗争。其中,"花影乱,莺声碎"两句点明城内春意正浓。面对这大好春光,词人却无心把酒赏春。因为,此时作者正在贬谪途中,流落他乡,远离亲朋,情怀落寞。因日夜思念而憔悴不堪,哪有心思赏春,也无心饮酒,人也消瘦了。

红烛自怜无好计,夜寒空替人垂泪

【名句】

hóng zhú zì lián wú hǎo jì   yè hán kōng tì rén chuí lèi
红 烛 自 怜 无 好 计①,夜 寒 空 替 人 垂 泪②。

【出典】
晏几道《蝶恋花》。

【注释】
①无好计:没有什么好办法。
②垂泪:流下泪水。

【译文】
红烛自怜无计安慰愁人,寒夜中徒然替人泪水暗滴。

【原作】
醉别西楼醒不记,春梦秋云,聚散真容易。斜月半窗还少睡,画屏闲展吴山翠。
衣上酒痕诗里字,点点行行,总是凄凉意。红烛自怜无好计,夜寒空替人垂泪。

【作者小传】

晏几道(1038~1110),北宋词人。字叔原,号小山,晏殊第七子。抚州临川(今属江西)人。历任颍昌府许田镇监、乾宁军通判、开封府判官等,为人真率疏放,清高孤介,故落拓一生。早岁流连酒席歌舞间,以词遣怀,常于沈廉叔、陈君龙家作词付莲、鸿、苹、云诸女演唱。后家道中落,故词多追怀旧情,不胜今昔盛衰之感,低回宛转,凄楚沉挚。词体多用小令,于慢词、铺叙日盛之时,独能守《花间》传统,与其父同以词名,世称"二晏"。

故事

晏几道虽身为两朝宰相晏殊之子,十几岁便受到仁宗皇帝的赏识,但他却是一生落魄,还吃过官司,坐过监狱。特别到了晚年,几乎到了衣食不继,生活无着落的贫苦境地。

那时他在颍昌府中许田镇(今河南许田镇)做官时,曾写了一些诗词,呈给府帅韩维。韩维看过他的诗词后,在写给他的信中说:

"得新词盈卷,盖才有余而德不足者,愿郎君捐有余之才,补不足之德,不胜门下老吏之望。"

这位韩维府帅把晏几道看成是"才有余而德不足",这使得晏几道从此以后非常厌恶腐败的官场,更不愿去攀权附贵,甚至使他还未到退休年龄,便自愿离开官场,"退居京城赐第,不践诸贵之门。"宋元祐三年(1088),大诗人苏轼经黄庭坚介绍,想拜访一下他,晏几道婉言谢绝,对人说:

"现在政事堂中的那些人,许多都是我家以前的客人,我都没有时间去见呢!"

这一天,晏几道的心情十分凄凉,虽不为"春花秋月何时了"而哀叹,但也无法排遣生活中"无处话凄凉"的苦闷,只好借酒浇愁。他常在家中自斟自饮,心中郁结的不快也不知向哪里去倾诉。

晏几道一杯接一杯,直喝得酩酊大醉,他倒头便睡。这世间的一切都离他而去了,人世的不平,难以排遣的烦恼都远去了。

酒醒了,但向晏几道袭来的是更加难解的迷惘,重重围困他的仍是悲愁的云雾,难以排遣,他伏在案边,写了一首《蝶恋花》词,"红烛自怜无好计,夜寒空替人垂泪"便是这首词中的名句。

赏 析

"红烛自怜无好计,夜寒空替人垂泪。"这两句出自杜牧《赠别》诗:"蜡烛有心还惜别,替人垂泪到天明",这里化用其意。红烛垂泪,侧笔旁衬,借物写怀,烛尚伤情,人何以堪,愈显意挚愁浓,一往情深。句中的"自怜"、"空替"等语,将红烛拟人化,使之参与作者的感情活动,尤觉情味隽永。

会挽雕弓如满月,西北望,射天狼

【名句】

huì wǎn diāo gōng rú mǎn yuè xī běi wàng shè tiān láng
会 挽 雕 弓 如 满 月①,西 北 望,射 天 狼②。

【出典】
苏轼《江城子·密州出猎》。

【注释】
①会:一定,必然。挽:拉开。
②天狼:星名。古代用天狼星代指贪婪掠夺的侵略者,这里代指侵扰北宋西北边境的辽和西夏。

【译文】
那时我定要把弯弓拉成满月,射向那西北来犯的豺狼。

【原作】
老夫聊发少年狂,左牵黄,右擎苍,锦帽貂裘,千骑卷平冈。为报倾城随太守,亲射虎,看孙郎。　酒酣胸胆尚开张,鬓微霜,又何妨。持节云中,何日遣冯唐?会挽雕弓如满月,西北望,射天狼。

【作者小传】(见第13页)

故事

宋神宗熙宁八年(1075)冬,密州发生了蝗灾,同时又发生了旱情。一有旱情,人们就到密州城南二十里的常州去求雨。据说,那里是常求常应,所以才取得"常山"这个名。这种说法虽然没有科学道理,但像苏轼这样的人也难完全摆脱不信。他抱着为百姓祈求一个风调雨顺的好年头的幻想,也到常山去求雨。不过,他求雨不像别人那样只是一味磕头祷告,同时还认真地调查常山的地形。苏轼在那里发现了一个泉眼,从石缝中向外冒水。他命人将石头凿开,结果成了一口相当大的泉水井。附近的百姓能用泉水浇灌庄稼,非常高兴。苏轼也喜欢得很,他决定在这里建一个亭子表示纪念。因为古代把求雨叫雩(yú),所以称这个泉为雩泉,亭就取名叫雩泉亭。

雩泉亭竣工这一天,密州的大小官员都来到这里,老百姓也有不少来看热闹。苏轼看看百姓,转对自己的属下幽默地说道:"雩泉,确实值得纪念,你要求什么,它都答应。我们这些当官的,百姓对我们有所求的时候,是不是答应他们了,这确实需要很好地想一想啊!和雩泉比一比,我苏轼感到惭愧,有许多事没有给老百姓办好。不知众位做得如何,是不是也应该好好地想一想?"

众官吏听了苏轼的话,慢慢地低下了头。

在苏轼的治理下,多灾多难的密州渐渐地有了生机。可是,这时候,传来了一个气愤的消息。

原来,正当苏轼带领着密州老百姓与自然灾害斗争的时候,北方的辽兵又向中原发动进攻,辽主胁迫宋王朝割地七百里。

苏轼对边境十分关注。他一贯主张对辽、西夏的袭扰,应当进行武力抗争,反对割地求和。听到这个消息后,他非常气愤。他对朝廷与辽主订立的屈辱和约很不满,渴望也能驰骋疆场,杀敌立功,保卫边疆。于是,他写了《江城子·密州出猎》词,"会挽雕弓如满月,西北望,射天狼"就是这首词中的名句。

赏析

"会挽雕弓如满月,西北望,射天狼。"这三句指的是宋与西夏、辽的战争,它化用《九歌》的诗句,词人欲报效祖国、立功边庭的雄心壮志跃然纸上。这词句气势豪迈,慷慨激昂,一举打破了"词为艳科"的限制,把词从花间柳下、浅斟低唱的靡靡之音中解放出来,提高了词品,扩大了词境,是开爱国抗战词先河的里程碑式的名句。

和羞走。倚门回首,却把青梅嗅

【名句】

hé xiū zǒu　　yǐ mén huí shǒu　　què bǎ qīng méi xiù
和 羞 走①。倚 门 回 首②,却 把 青 梅 嗅。

【出典】

李清照《点绛唇》。

【注释】

①和羞:不好意思,羞红了脸。
②倚门:靠在门边。

【译文】

羞红了脸走进房中,靠在门边看那少年,内心十分高兴,顺手拉过一枝青梅闻着,来掩盖内心的激动和慌乱。

【原作】

蹴罢秋千,起来慵整纤纤手。露浓花瘦,薄汗轻衣透。　　见客入来,袜刬金钗溜。和羞走。倚门回首,却把青梅嗅。

【作者小传】(见第31页)

在通往济南府的大道上,一辆马车在奔驰,车上坐着赵明诚和他的母亲。

母亲对儿子说:"此次拜访,但愿李大人能同意将女儿李清照许配给你,也可了却为娘的一件心事。"赵明诚说:"这正是孩儿的心愿。我是'词女之夫',非李清照不要!"母亲微微点头,笑了。

李清照也得知赵侍郎的三公子赵明诚多才多艺。她虽未与明诚见面,但拜读过他的诗文,颇有好感。如今听说赵公子将要上门求婚,心里暗自欢喜。

过了几天,李清照与侍女早晨在花园里荡秋千。她双手紧攥着左右两根吊绳,两脚用力蹬着秋千板,秋千来回摆荡,越荡越高。她神采飞扬,高兴极了!不一会儿,汗水湿透了衣衫,风儿吹乱了她的头发,她乏力地坐在秋千板上,懒懒地垂着双手,望着花草上的露水出神。

就在这时,一位英俊的公子走进花园,李清照见来了客人,慌忙躲避,金钗从松散的发髻上滑下来,她也顾不得去捡。当有人说这就是赵明诚,她才停住脚,藏在篱笆门后瞧,啊,真的是他?她羞红了脸,顺手拉过树枝上的青梅闻着,以掩饰内心的慌乱。

回到房中,刚才的一幕还在眼前浮现,于是她偷偷地写下了《点绛唇》词,"和羞走。倚门回首,却把青梅嗅"便是这首词中的名句。

赏析

"和羞走。倚门回首,却把青梅嗅。"这几句写少女乍见来客的情态。"和羞走"三字,把她当时的内心感情和外部动作作了传神的描绘。然而更妙的是"倚门回首,却把青梅嗅",以极精湛的笔墨描绘了这位少女怕见又想见,想见又不敢见的微妙心理。这几句中的"走"、"回首"、"嗅"几个动作,把少女惊诧、惶恐、含羞、好奇以及眷念的心理活动,栩栩如生地刻画了出来。

回首向来萧瑟处,也无风雨也无晴

【名句】

huí shǒu xiàng lái xiāo sè chù　yě wú fēng yǔ yě wú qíng
回　首　向　来　萧　瑟　处①,也 无 风 雨 也 无 晴。

【出典】
苏轼《定风波·沙湖道中遇雨》。

【注释】
①萧瑟处:指风吹雨淋过的地方。

【译文】
回头遥看来时遇雨的地方,不必管它风雨或天晴。

【原作】
莫听穿林打叶声,何妨吟啸且徐行。竹杖芒鞋轻胜马,谁怕?一蓑烟雨任平生。　　料峭春风吹酒醒,微冷,山头斜照却相迎。回首向来萧瑟处,归去,也无风雨也无晴。

【作者小传】(见第13页)

宋神宗元丰五年(1082),心胸旷达的苏轼过上了自由自在的生活。他名义上是团练副使,实际上是到黄州服罪,什么事也不管。每天吃完饭没事,便游山玩水,这里走走,那里逛逛。

苏轼雪堂修好以后,他经常来往于雪堂和临皋亭之间。因为这条路上净是黄色泥土,所以人们称为黄泥坂。他穿上普通的农民衣服,经常喝得醉醺醺的。时间一长,当地的老百姓都认识他,也都很喜欢他。有一天,他喝醉后躺在路边的草地上睡觉。傍晚的时候,一个牧童赶着两头牛和一头羊过来。在旁边耕作的农民赶快跑到苏轼身边,守护着他,要不然,牛羊从他身上践踏过去,那可就够受了。牛羊过后,那农民把他叫起来,说:

"快醒醒吧,牛羊差一点儿踩到你呢!"

苏轼睁开睡眼,看着刚刚过去的牛羊,连忙说道:"谢谢,谢谢!"他感谢淳朴善良的农民对自己如此关心,也笑自己的行为有点儿过分放荡。

这时,有不少朋友来看他,决定出去游玩。

三月七日,苏轼到黄州东南三十里的沙湖去游玩。这是一个风景优美的地

方,同行的有不少人。不巧,路上遇到了大风雨。同行的人急忙跑着去寻找避雨的地方,而苏轼却穿着草鞋,拄根竹竿,不慌不忙地照样走路。事后,别人问他为什么不躲一躲,他回答说:

"刮风下雨只是一时的事,很快就会过去,而且雨后必然是晴天,何必躲呢?再说,在风雨里走走,也是一种乐趣,可以使你醒酒哩!"同行的人品味着他的话,觉得他这是在说自然界的风雨,同时又似乎在说政治的风雨。回来以后,苏轼写了《定风波·沙湖道中遇雨》词,"回首向来萧瑟处,也无风雨也无晴"便是这首词中的名句。

赏析

"回首向来萧瑟处,也无风雨也无晴。"这两句不仅是自然景色的写照,而且也是对瞬息万变的政治风雨的总括。作者正因为多次经历过这种"风雨",深知这个道理,所以才能遇风雨而泰然自若。这二句词,某种意义上是作者对自己人生风雨坎坷历程的反思与彻悟,有很深的哲理。"也无风雨也无晴",看似"平淡",但作者已进入了"荣辱不惊,去留无意,超然物外,潇洒自如"的人生境界。用苏轼自言:"其实不是平淡,绚烂之极也。"

何物最关情?黄鹂三两声

【名句】

hé wù zuì guān qíng　　huáng lí sān liǎng shēng
何 物 最 关 情①?黄 鹂 三 两 声②。

【出典】

王安石《菩萨蛮》。

【注释】

①何物:什么事物。关情:关心。
②黄鹂:鸟名,声音婉转动听,清脆悦耳。

【译文】

我最关心的是什么呢？——是黄鹂那婉转动听、清脆悦耳的鸣叫声。

【原作】

数间茅屋闲临水，窄衫短帽垂杨里。花是去年红，吹开一夜风。　　梢梢新月偃，午醉醒来晚。何物最关情？黄鹂三两声。

【作者小传】

王安石(1021~1086)，北宋政治家、文学家。字介甫，晚号半山。抚州临川(今属江西)人，后移居江宁(今南京)。宋神宗熙宁二年(1069)，拜参知政事，积极推行新法。王安石为北宋诗文革新运动的中坚人物，唐宋古文八大家之一。理论上，强调文学的社会功用，主张文贵致用；同时也肯定文学的艺术特性。故其所作，多针对现实，有强烈的政治色彩。诗成就最高，今存1530余首。多指陈现实，有感而发。如《河北民》《收盐》《兼并》《发廪》《秃山》等，直抒胸臆，辞气激烈。咏史之作，如《商鞅》《韩信》《贾生》等，往往寓意深刻。《明妃曲》二首，立意新颖，尤负盛名。退隐后，诗歌转为描写山光水色，更注重字句的推敲锤炼，如《江上》《泊船瓜洲》《金陵即事》等，其雄直峭劲、壮丽超逸而又深婉不迫的独特诗风，对扫除西昆体残余，推动宋诗革新起了积极作用。但部分诗篇受韩愈影响较深，喜造硬语，押险韵，也对宋诗的发展产生了不良影响。

故事

宋神宗熙宁九年(1076)十月，随着变法改革的退缩、停滞，反对派压力的渐渐增大，杰出的政治家王安石便陷入了日益无法摆脱的窘境。为了渡过这场危机，他不得不再度请求辞去相位。第一次罢相那是两年前的事情。现在也只有再度辞去相位的一条路了。

罢相回去以后，王安石便在江宁城东门和钟山的中间，在一个叫白塘的地方，草草地盖了几间房屋，作为自己的居住安家之所。王安石十分喜欢这个地方，便把它称为"半山园"，而自己则自号"半山"。

这是一个非常幽静的地方，远有山，近有郭，水绕园，池临屋。一天，一位老朋友来"半山园"拜访王安石，两人在园中对坐，把盏叙旧。闲谈了一会儿，老朋

友问道：

"老兄在这里生活得如何？"

王安石微微一笑，随口吟出一首《菩萨蛮》词，权作答复。"何物最关情？黄鹂三两声"便是这首词中的名句。

赏析

"何物最关情？黄鹂三两声。"这两句从字面上看，王安石此时最"关情"的是"黄鹂三两声"，看来是绝对与世无争了。但这不过是末路英雄一种无可奈何的豁达，是他欲解脱抑郁心情而作的一种徒然的努力。但正说明对国事家事天下事，事事关心的王安石，却从来未把国家的兴亡放在脑后，以十分忧虑的心情关注着时局的变化，表现了一种看上去完全超脱的潇洒豁达。

J

剪不断,理还乱,是离愁,别是一般滋味在心头

【名句】

jiǎn bú duàn, lǐ hái luàn, shì lí chóu, bié shì yì bān zī wèi zài xīn tóu
剪不断,理还乱①,是离愁,别是一般滋味在心头②。

【出典】

李煜《相见欢》。

【注释】

①剪不断,理还乱:形容无休止。
②别是:一作别有。

【译文】

我心中盛满离愁,剪不断理还乱无止无休。那种说不出来的滋味啊,久久萦绕在我的心头。

【原作】

无言独上西楼,月如钩。寂寞梧桐深院锁清秋。　　剪不断,理还乱,是离愁,别是一般滋味在心头。

【作者小传】(见第1页)

故事

李煜囚禁宋国，所居之处，是一座寂寞的深院，桐树荫翳。外有老兵把守，任何人没旨意不能进入。

宋太祖死后，宋太宗对李煜更加刻薄。

小周后随李煜归降宋朝，被封为郑国夫人，按例随命妇孺人进宫参见皇帝。宋太宗见小周后貌美，能言善歌，便强留小周后侍奉枕席。小周后屡受凌辱，满腹心酸尽诉与李煜，且哭且诉："宋皇帝不是人，是禽兽，污人格行，让我无法忍受了。"李煜无法解释劝慰，只能轻声柔语地说道："暂且忍耐吧，在人屋檐下，岂能不低头。"

一日，小周后被唤入宫中伺候宋太宗。李煜旧臣郑文宝来见。李煜见他衣着奇特，连忙问："郑卿，为何如此打扮？"

"陛下，臣担心守门者阻拦，才披蓑戴笠扮成渔翁前来相见。陛下近来可好？"

"亡国残骸，死亡无日。日夜纵酒，以泪洗面。奇耻大辱，层出不穷。如此遭遇，何时了结？今日小周后又被强召入宫去了！"

郑文宝看此情景，半响无言，径自退去。李煜心乱如麻，泪流满面。

西楼见月，缺月如钩。夜静庭空，形单影孤，只有无声清光透过浓浓树荫，点点星星，洒落在李煜身上。秋意正浓，李煜感怀身世，无可奈何，心事重重。他登上西楼，又连饮数杯。浓烈的酒中掺入了苦涩的泪，难以品出什么滋味。孤单惆怅之感与亡国离家之恨奔涌在李煜心头，于是他奋笔疾书了《相见欢》词，"剪不断，理还乱，是离愁，别是一般滋味在心头"便是这首词中的名句。

赏析

"剪不断，理还乱，是离愁，别是一般滋味在心头"，虽然只是寥寥几笔，但却胜过千言万语，以极形象的语言，写出了那深深刻入心头的亡国之恨和此时此地的那种难以言说的感情。生动形象，细腻传神，令人难以忘怀。近人俞陛云说："后阕仅十八字，而肠回心倒，一片凄异之音，伤心人固别有怀抱。"（见《五代词选释》）

今宵剩把银釭照，犹恐相逢是梦中

【名句】

今宵剩①把银釭②照，犹恐相逢是梦中。

【出典】

晏几道《鹧鸪天》。

【注释】

①剩：尽管，只管。
②银釭：银灯。

【译文】

今宵手持银灯仔细看着你，还担心又是相逢在梦里头。

【原作】

彩袖殷勤捧玉钟，当年拼却醉颜红。舞低杨柳楼心月，歌尽桃花扇影风。从别后，忆相逢，几回魂梦与君同？今宵剩把银釭照，犹恐相逢是梦中。

【作者小传】（见第60页）

晏几道仕途不如意，生活也坎坷不平，于是他把感情寄托在女人身上。

那还是在他年轻的时候，有一次，他突然碰到了自己久别的情人，这是他一生中最高兴的时候。

那一天，他外出归来，心中总是一个十分奇怪的感觉，总觉得有什么人在等候他。果然，他刚一踏进家门，便听到楼上传来亲切的呼唤声。

因为他的情人早就听说他要回来,便天天盼,夜夜想,今天终于把他等回来了,她真是高兴得不能自持。

随着呼唤声,情人走下楼来,上前挽住他的胳膊,眼中噙着泪花,默默地注视着他。然后又忙着去设宴为他洗尘。

摆上酒菜,情人为他玉制酒杯中斟满酒,双手捧着玉酒深情地递过去,晏几道接过玉杯,望着心爱的人儿,一饮而尽。

一杯、两杯、三杯,也不知喝了多少杯,晏几道有几分醉意了,他仔细地端详着久别的人儿,看着她还是那样婀娜多姿,那样风韵绰约,华丽的衣着,迷人的笑靥。不禁使他像回到了过去一样,那时他们时常在一起痛饮,因为她不仅美丽,而且非常会体贴人,这使晏几道异常兴奋,每天都喝得酩酊大醉。

喝醉后,他们便携手起舞,对月放歌,尽情而欢。直到照着杨柳荫中那高楼上的月儿都西沉了,在画着桃花的扇子底下回荡的歌声也渐渐消失了,直到天亮还没有尽兴。是啊,分别的时候思念太深,只有在梦中才能相逢,今天终于见面了,难道还是在梦中吗?

情绵绵,意切切,晏几道为玉杯中的酒所陶醉,为眼前的人所陶醉,更为这浓浓的情所陶醉,兴奋之余,晏几道展纸挥毫,一气写下了这首《鹧鸪天》词,"今宵剩把银釭照,犹恐相逢是梦中",便是这首词中的名句。

赏析

"今宵剩把银釭照,犹恐相逢是梦中。"这是写别后相逢,词人怕这是梦境,于是手把银灯频频照看,只有思念至深方可有此举动,也可见词人此时喜不自胜的心情。这真是久忆成梦,久梦当真;今宵真正相聚,却唯恐是在梦中。写得曲折婉转,层层深入。"剩把"、"犹恐"四个虚字,使词的空灵气韵十分突出。

拣尽寒枝不肯栖,寂寞沙洲冷

【名句】

jiǎn jìn hán zhī bù kěn qī　jì mò shā zhōu lěng
拣 尽 寒 枝 不 肯 栖①,寂 寞 沙 洲 冷。

【出典】
苏轼《卜算子·黄州定慧院寓居作》。

【注释】
①拣尽寒枝:良禽择木而栖的意思。《左传·哀公十一年》:"鸟则择木,木岂能择鸟。"杜甫《遣愁》:"择木知幽鸟。"不肯栖:鸿雁栖宿苇塘,本来不栖在树枝上的。作者这样说,是用雁来自比,含有不肯随便依人的意思。

【译文】
拣尽寒枝不肯随意栖息,它宁愿独自徘徊,在那寂寞清冷的沙洲。

【原作】
缺月挂疏桐,漏断人初静。谁见幽人独往来,缥缈孤鸿影。　惊起却回头,有恨无人省。拣尽寒枝不肯栖,寂寞沙洲冷。

【作者小传】(见第13页)

故事

宋神宗元丰三年(1080),苏轼被贬黄州,住在黄冈东南的定惠院里。有一天,天色暗下来了,他还站在一座坟墓前,仰天叹息。一弯新月挂在梧桐树梢上,一只孤单单的大雁在树枝间飞来飞去,就是不肯栖息下来。这孤雁莫不是坟中的超超?诗人眼前又出现了昔日少女的身影……

有一次,苏轼拜访惠州温都监。两人每天在书房谈论诗词。温都监有一个刚满18岁的女儿名叫超超。超超久闻诗人大名,一听苏轼到了家中,心中十分高兴,暗想:"他才是我的意中人呢!"于是,她天天在书房的窗外偷听苏轼吟诗,遇到有人经过,只好羞答答地走开。这事传到苏轼耳中,他心里觉得不安,就对温都监说:"先生的千金迷上了诗词,我想做一位红娘,让她与王郎交个朋友;王郎才貌双全,诗、词都写得很好,不知先生意下如何?"温都监一听,笑着说:"多谢先生关心!小女生性倔犟,好几个朋友来提亲,都被她拒绝了!不知她与王郎可有缘分。"果然,超超一口顶回父亲,态度非常坚决。她爱苏轼,爱苏轼的诗呀!

后来,苏轼又被降职到海南岛,超超的情况就不得而知了。这次北还路过

惠州,才知道超超已经离开了人世,苏轼连忙来到她的坟前祭扫。这时孤雁哀鸣,仿佛超超在怨恨地哭泣,诗人禁不住大声吟诵了《卜算子·黄州定慧院寓居作》词,"拣尽寒枝不肯栖,寂寞沙洲冷"便是这首词中的名句。

赏析

"拣尽寒枝不肯栖,寂寞沙洲冷。"这两句写孤鸿遭遇不幸,心怀幽恨,惊恐不已,拣尽寒枝不肯栖息,只好落宿于寂寞荒冷的沙洲。词人以象征手法,匠心独运地通过孤鸿怀抱幽恨,寻觅宿处,表达了作者贬谪黄州时期的孤寂处境和高洁自许,不愿随波逐流的心境。

尽吸西江,细斟北斗,万象为宾客

【名句】

jìn xī xī jiāng　xì zhēn běi dǒu　wàn xiàng wéi bīn kè
尽　吸　西　江①,细　斟　北　斗②,万　象　为　宾　客③。

【出典】

张孝祥《念奴娇·过洞庭》。

【注释】

①吸:舀取出来。西江:长江北纳洞庭之水,折而西去。西江指此。
②细斟:慢慢地往杯里倒酒。北斗:七星形如酒枓。
③万象:外界的一切自然景象。

【译文】

我要把这西江之水酿成美酒,用那天上的北斗来斟满酒杯,邀请天下万物作我的佳宾,来共同品味。

【原作】

洞庭青草,近中秋,更无一点风色。玉鉴琼田三万顷,着我扁舟一叶。素月分辉,明河共影,表里俱澄澈。悠然心会,妙处难与君说。 应念岭表经年,孤光自照,肝胆皆冰雪。短发萧疏襟袖冷,稳泛沧溟空阔。尽吸西江,细斟北斗,万象为宾客。扣舷独啸,不知今夕何夕。

【作者小传】

张孝祥(1132~1170),南宋词人。字安国,号于湖居士。历阳乌江(今安徽和县)人。历任秘书省正字、校书郎、尚书礼部员外郎、集英殿修撰等职。其为人刚正不阿,力主北伐。善诗文,工词。内容多反映社会现实,爱国情感浓厚。创作上致力学习苏轼。其诗清婉而俊逸,其词成就最大,现存220余首。上承苏轼,下开辛派词人先河,在词史上有重要地位。著有《于湖居士文集》四十卷。

故事

宋孝宗乾道二年(1166),张孝祥因政敌陷害而被罢官,从广西桂林北归,途经洞庭湖。

这时,临近八月中秋,明月高悬,风平浪静,一叶孤舟荡漾在万顷烟波的洞庭湖上,湖光船影,水天空阔,上下交辉,词人仿佛置身于一个清洁明澈,白玉无瑕的世界里。在这样的环境中,词人忘却了官场中的一切烦恼,只感到自己都融进了这美妙的大自然中。

面对这湖上的美景,词人回忆起自己的做官生涯,感到自己纯正无私和洁身自好,从而对陷害自己的政敌以有力的回击。他不管环境多么险恶,政敌怎样陷害,自己依然稳操航向,志趣高洁,绝不苟同。

就这样,词人张孝祥在洞庭湖上即景生情,挥毫写下了这首传诵千古的杰作——《念奴娇·过洞庭》词,"尽吸西江,细斟北斗,万象为宾客"就是这首词中的名句。

赏析

"尽吸西江,细斟北斗,万象为宾客"这三句是传神之笔,它想象丰富、浪

漫,意境阔大,不同凡响,表现了作者豪迈、乐观的气概。魏了翁在《鹤山大全集》中说:"方其吸江酌斗,宾客万象时,讵知世间有紫薇青琐哉!"

君记取、封侯事在,功名不信由天

【名句】

jūn jì qǔ fēng hóu shì zài　gōng míng bú xìn yóu tiān
君 记 取、封 侯 事 在①,功 名 不 信 由 天②。

【出典】

陆游《汉宫春》。

【注释】

①封侯:建功立业。
②不信由天:不相信由天决定。

【译文】

您要记住,建功立业事在人为,决定命运并不是天。

【原作】

羽箭雕弓,忆呼鹰古垒,截虎平川。吹笳暮归野帐,雪压青毡。淋漓醉墨,看龙蛇飞落蛮笺。人误许、诗情将略,一时才气超然。　　何事又作南来,看重阳药市,元夕灯山?花时万人乐处,欹帽垂鞭。闻歌感旧,尚时时流涕尊前。君记取、封侯事在,功名不信由天。

【作者小传】(见第23页)

宋孝宗乾道八年(1172),四川宣抚史王炎奉诏离开南郑赴临安(今浙江杭

州),陆游失去了依傍,亦改任成都府路安抚司参议官的闲职。从前线撤离,南行到成都,使陆游从戎破敌、收复失地、建立功业、报效国家的壮志化为泡影。

  在成都的闲适散淡生活,使陆游回忆起南郑的军旅生活。那时的场面多么壮观激烈:挽弓擎苍,呼啸于古垒旁,结伴驰骋,长矛刺虎于平原上。大雪纷飞,聚众饮酒于青毡帐,酒酣兴至,挥毫泼墨于蛮纸上。这种豪爽的情致和狩猎一样,令人回味,令人神往。但陆游来到南郑时,边陲相对平静,并无战事。他这个文武全才的人,没有机遇施展,而是蹉跎岁月,一事无成。

  陆游想着想着,看到了眼前的成都,观览重阳节药市,元宵节的灯山,在万花丛中乘骑徐行,酒肆听歌,泣涕随之,这增添了他擎云心事不得舒展的苦闷和悲愤。在这种情况下,陆游写了《汉宫春》词,"君记取、封侯事在,功名不信由天"就是这首词中的名句。

赏析

  "君记取、封侯事在,功名不信由天。"这三句意气轩昂,兀傲不凡。它表达了陆游在年轻时从戎破敌,收复失地,建功立业,报效国家的凌云壮志。其中,"封侯事在",说明建功立业,要事在人为;"功名不信由天",更说明了决定自己的命运不在"天",而是要有施展才能的机遇。杨用修说:"放翁词纤丽处似淮海(秦观),雄慨处似东坡(苏轼)。"确是知音之语。

九万里风鹏正举。风休住,蓬舟吹取三山去

【名句】

九万里风鹏正举①。风休住,蓬舟吹取三山去②!

【出典】

李清照《渔家傲·记梦》。

【注释】

①九万里:《庄子》:"有鸟焉,其名为鹏,背若泰山,翼若垂天之云";"鹏之徙于南冥也,水击三千里,抟扶摇而上者九万里。"句中借用庄文,以鹏抟喻奋发有为。

②三山:相传渤海中有蓬莱、方丈、瀛洲三座仙山,住有许多仙人,藏有不死神药。这里是指理想境界。

【译文】

九万里长途,大鹏正迎风冲举。风啊,你不要停住,把我这小船吹到三山那仙人之府。

【原作】

天接云涛连晓雾,星河欲转千帆舞。仿佛梦魂归帝所。闻天语,殷勤问我归何处? 我报路长嗟日暮,学诗谩有惊人句。九万里风鹏正举。风休住,蓬舟吹取三山去!

【作者小传】(见第31页)

女词人李清照不满现状,要求打破沉闷狭小生活圈子的愿望,因此她做了一个奇妙的梦:拂晓的海面上,水雾迷茫,一望无际,天空中云腾雾罩,如同卷起了层层的波涛。点点星光流动闪烁,就像海面上无数只小船扯起了风帆上下飞舞,来往穿梭。面对这奇异美妙的景象,词人梦见自己飞到了主宰万物的玉帝的住所,玉帝殷勤关切地询问她要到哪里去?

面对玉帝的询问,李清照借用屈原的"路漫漫其修远兮,吾将上下而求索"的寓意,抒发出对现实的不满情绪。她想到自己虽然才华出众,学诗有成,但处在国家前途暗淡、朝廷昏庸无能的时候,精神上十分苦闷,因而发出"路长日暮"的感叹。虽然如此,但她并不消沉,而是自喻为大鹏,以豪迈的气概呼唤着:大风啊,你尽情地吹吧!我要驾着生命之船,冲破现实的樊笼,奔向美好的理想和幸福的未来。

就这样,李清照展开浪漫的想象,创作出清奇意境的词作《渔家傲·记梦》,"九万里风鹏正举。风休住,蓬舟吹取三山去"便是这首词中的名句。

赏析

"九万里风鹏正举。风休住,蓬舟吹取三山去!"李清照以浪漫主义的笔法,刻画自己的精神世界。她仿效苏轼《水调歌头》"乘风归去"的豪兴,离开黑暗的现实,驾着梦幻的小舟,直飞帝所。"蓬舟吹取三山去",以庄子鲲鹏形象和《史记·封禅书》的三山传说,抒发自己的凌云壮志、奋发精神和高超理想。其中"三山"的美丽传说,正是千古人类所追求的理想境界。

镜里朱颜都变尽,只有丹心难灭

【名句】

jìng lǐ zhū yán dōu biàn jìn zhǐ yǒu dān xīn nán miè
镜 里 朱 颜 都 变 尽①,只 有 丹 心 难 灭②。

【出典】

文天祥《酹江月·和友(驿中言别)》。

【注释】

①朱颜:青春容颜。
②丹心:赤诚报国之心。

【译文】

镜中的青春容颜已变得苍老,而唯有这颗赤诚的报国之心,永远不会泯灭。

【原作】

乾坤能大,算蛟龙、元不是池中物。风雨牢愁无着处,那更寒蛩四壁。横槊

题诗，登楼作赋，万事空中雪。江流如此，方来还有英杰。　　堪笑一叶飘零，重来淮水，正凉风新发。镜里朱颜都变尽，只有丹心难灭。去去龙沙，向江山回首，青山如发。故人应念，杜鹃枝上残月。

【作者小传】

文天祥(1236~1283)，南宋文学家。初名云孙，字天祥。后改名天祥，字宋瑞，又字履善，号文山。吉州吉水(在今江西)人。宝祐四年(1256)举进士，理宗亲擢第一。累迁至尚书左司郎官。后忤贾似道，遂致仕。咸淳九年(1273)，起为湖南提刑。十年，改知赣州。德祐元年(1275)，元兵南侵，天祥组织义军勤王。次年，临安被围，受命入元军谈判，被执，逃归。拜右丞相。益王立(1276)，进左丞相，都督江西。卫王立(1278)，加封少保、信国公，进屯潮阳。旋兵败被俘，囚拘燕京四年，终不屈，英勇就义。诗存800余首。以临安沦亡为界，可分为前后两个时期。前期200余首，多咏物应酬之作，受江湖诗派影响较深；后期500余首，以亡国被俘之惨痛发而为诗，满腔悲愤、忠义凛然，成就辉煌。如《扬子江》、《过零丁洋》、《正气歌》等，为千古传诵。风格上，后期诗主要学杜甫，沉郁悲壮。文存500余篇，"亦极雄赡，如长江大河，浩瀚无际"。其《指南录后序》，最为有名。词存10余首，《酹江月》、《满江红·代王夫人作》等，悲愤激越，一如其诗。有《文山先生全集》二十卷传世。

宋祥兴元年(1278)十二月，文天祥在海丰五坡岭被元军俘获，次年四月，被押解北上。与其一同押解的有同乡好友，一起抗元的邓光荐。

邓光荐曾任南宋厓山行朝官礼部侍郎。他与文天祥一样，也是位爱国志士，他看着宋朝江山即将灭亡，便想投海自杀殉国。结果被元兵发现，把他从海中救了出来，劝他为元朝效力。邓光荐正气凛然，痛骂元军无恶不作，举兵攻打宋朝的恶行。元兵无奈，便将他与文天祥囚禁在一起，从广州押往金陵。

文天祥与邓光荐患难与共，正气相通，一路上诗词唱和，相互勉励，发誓决不投降元朝作亡国之臣。到达金陵时，邓光荐因病而被暂时留在金陵的天庆观，不必再继续北上。他们分手之际，邓光荐写了《送别》诗和《酹江月·驿中言别》词赠给文天祥。

文天祥读着邓光荐的这首《酹江月》词，心中思绪奔涌，万千感慨，便握笔在手,写下了《酹江月·和友(驿中言别)》词,"镜里朱颜都变尽,只有丹心难灭"便是这首词中的名句。

赏析

"镜里朱颜都变尽,只有丹心难灭。"这两句充满了浓郁的英雄迟暮之感,怀赤诚忠心,一身傲气铁骨皆凛然可见。它又与作者《过零丁洋》诗中名句"人生自古谁无死,留取丹心照汗青"异曲同工,堪称名句,将其耿耿忠心,浩然正气,栩栩如生地再现在读者面前。这确是用民族气节凝结成的血泪文字,其气势跌宕,意境沉雄,风骨遒劲,不愧为千古名句。

L

离恨恰如春草，更行更远还生

【名句】

lí hèn qià rú chūn cǎo gèng xíng gèng yuǎn hái shēng
离 恨 恰 如 春 草①，更 行 更 远 还 生②。

【出典】

李煜《清平乐》。

【注释】

①离恨：离情别恨。恰如：好像。
②还生：不断产生。

【译文】

此刻我心中的离情别恨，好比春草长满天边。芳草萋萋离情悠悠，君行愈远归思愈难断。

【原作】

别来春半，触目柔肠断。砌下落梅如雪乱，拂了一身还满。　雁来音信无凭，路遥归梦难成。离恨恰如春草，更行更远还生。

【作者小传】(见第1页)

故事

开宝四年(971),李煜派李从善入宋朝见宋太祖。

宋太祖雄心勃勃,此时大半江山在手,卧榻之下岂容他人酣睡,便有意迫使李煜归降。于是,宋太祖召李从善入朝,便授他为泰宁军节度使,留居京师,赐甲第于汴阳坊。李从善乐得相从,心想:"在皇兄那里是做官,在此处也是做官,只要是有官做,又何必分南北,又何必拘于南唐、北宋。古人旷达,能'乐不思蜀',我李从善又何必耿耿于臣节。如今光景,皇兄已不修朝政,只求苟安一时,偏信谗言,而置忠良于不顾。国家最终要丧于他手,与其他日做阶下囚,不如早做富贵侯。"便无心归唐了。

李煜见弟久不归朝,便写信求宋太祖归还从善。宋太祖将信让李从善看过,问道:"你兄来信相召,你是去是留?"李从善说:"愿从陛下。"宋太祖十分满意,加恩抚慰从善,并授予幕府将吏常参官,以笼络其心。

李从善的妃子常入朝见李煜,追问李从善为何不归,号哭不已。李煜无言以对,以后一听说从善妃将到,便赶紧躲避起来。

李煜思念从善,凭高北望,泪洒襟袖,左右随从都不敢仰视。李煜日夜盼望弟弟归来,却总是落空。心中忧郁,写下《却登高文》,文中道:"我如今壮志沉没,心凄情伤,家道日艰,国事日窘,离绪萦怀。登此高岗,极目远眺。空苍苍,风凄凄,心踟蹰,泪涟涟。原有鸰鸟相从飞,嗟叹我弟不来归,满眼凄凉景,心中无限情。无一欢可作,有万绪缠悲。"托人寄与李从善,从善仍不回还。

半年过去了,兄弟却不能相见,从善妃又日日来宫中号哭,李煜情意更浓,将满腔思念之情,写成《清平乐》词,"离恨恰如春草,更行更远还生"便是这首词中的名句。

赏析 shang xi

"离恨恰如春草,更行更远还生。"这两句写春草茂生无涯,却又将其比作离恨,景中有情,大大增加了艺术感染力。正因为如此,这两句被行家们所激赏,从而广为传播。此外,这两句没有雕琢之迹,用白描手法,语言平淡自然,却将感情表达得婉转曲折、生动形象。

泪弹不尽临窗滴,就砚旋研墨

【名句】
lèi tán bú jìn lín chuāng dī　jiù yàn xuán yán mò
泪 弹 不 尽 临　窗　滴①,就 砚 旋 研 墨②。

【出典】
晏几道《思远人》。

【注释】
①临窗:面对轩窗。
②旋:随即,立即。

【译文】
伤心的泪水临窗滴个不停,滴入砚中随即可把浓墨磨成。

【原作】
红叶黄花秋意晚,千里念行客。飞云过尽,归鸿无信,何处寄书得?泪弹不尽临窗滴,就砚旋研墨。渐写到别来,此情深处,红笺为无色。

【作者小传】(见第60页)

有一年深秋时节,草木凋零,只剩下黄色的菊花和红色的枫叶,摇曳在萧瑟的秋风里。可是过不了多久,就连这孤单的菊花和枫叶也要凋落了。这情景牵动了词人晏几道的一腔思念之情:草木凋零了,落叶可以回到大地上,可是远方的朋友却连一点儿消息也没有,这怎么不让人深深地思念呢?

因为传说南来北往的大雁可以为人们传递书信。于是词人晏几道就满怀希望地仰望天空,希望真像传说里那样,能有大雁给他带来朋友的信息。可是望断天涯,看到的只是不知飘向何处去的白云,连大雁的影子也看不到,更不要说带有朋友的音信了。这使他非常伤心,泪水不知不觉地流了出来。滴滴泪水,就像诉说不尽的思念,流入砚台之中。于是,晏几道就以泪和墨,来抒写自己的思念,挥笔书写了《思远人》词,"泪弹不尽临窗滴,就砚旋研墨"就是这首词中的名句。

赏 析

"泪弹不尽临窗滴,就砚旋研墨。"这句写因无处寄书而临窗弹泪,虽无处可寄而仍作书——且是滴泪研墨。这个细节表现离情之苦,感人肺腑,催人泪下,真是痴绝,亦妙绝,令人拍案。其实,晏几道有一片痴情,所以他的词抒发的感情不加掩饰,不事雕琢,自然流露,真挚动人。断肠人远,伤心事多,冯煦称他为"古之伤心人"。

留得许多清影,幽香不到人间

【名句】

liú dé xǔ duō qīng yǐng　yōu xiāng bú dào rén jiān
留 得 许 多 清 影①,幽 香 不 到 人 间②。

【出典】

张炎《清平乐》。

【注释】

①清影:清而不媚的形态。
②幽香:幽幽的香气。

【译文】
兰花的窈窕清影留在山中,幽幽香气也不愿飘到世间。

【原作】
三花一叶,比似前时别。烟水茫茫无处说,冷却西湖风月。　　贞芳只合深山,红尘了不相干。留得许多清影,幽香不到人间。

【作者小传】
张炎(1248~约1320),宋元间词人、词论家。字叔夏,号玉田、乐笑翁。临安(今浙江杭州)人。宋高宗时大将张俊后裔。宋亡,一度北游,后南归,纵游于浙东、苏州一带,曾于鄞县设卜市谋生,晚年落拓而卒。工于词,精于声律,是南宋格律派的最后一位重要词人。有《山中白云词》八卷。所作词用字精巧工致,风格雅正清畅。其论词极推崇姜夔,而所作词风格又近之,后人因有"二白"(姜夔词集名《白石道人歌曲》)之称。早年之作多反映贵族公子的优游闲适生活,宋亡后则以追怀往昔为主。擅长咏物,曾以《南浦·春水》词扬名天下,人称"张春水",又以《解连环·孤雁》一词得名"张孤雁",与周密、王沂孙诸人多所唱和。所著词论《词源》一书,论词尊崇姜夔,主张意境清空,对词的音律、技巧、风格等亦皆有论述。

宋端宗景炎元年(1276),元军一举攻下临安,南宋小朝廷彻底被灭掉了。这时候,词人张炎31岁,这亡国使他万分悲痛。

两年以后,元僧杨连真枷掘了南宋皇家的陵墓,这更使张炎义愤填膺。于是他与周密、王沂孙、仇远、康珏、吕同老等14人,分别以龙涎香、白莲、莼、蝉、蟹为吟咏之题,托物表达悲愤,隐指帝后六陵被掘发之事,抒发对国家沦亡的悲愤。

与张炎同时期有位叫郑肖思的诗人画家,南宋灭亡后,他隐居苏州,不忘国耻,坐卧一定要朝南方,并自号所南,表示不忘大宋。郑肖思善于绘画兰花,但作画时往往不画土和根,于是有人问他:

"为什么你画的兰花没有根呢?"

郑肖思沉痛地说:

"国家和疆土都已属他人,亡国之人无家可回,亡国之兰无土可以生长,即

使画了根,叫它生在哪里呢!"

一次,张炎听朋友说起郑肖思,深为感动,很想得到郑肖思的一幅无根墨兰。但他又听人说,郑肖思的墨兰"不妄与人,邑宰求之不得",因此张炎也不敢再存此想法,只好打消了这个念头。

一天,有人把张炎的这个愿望告诉了郑肖思。谁料,郑肖思立即研墨展纸,为张炎浓笔泼墨,画下了几枝疏兰送给张炎。得到这幅画以后,张炎观赏了很久,不禁由衷地感叹道:

"多么好的兰花啊!可惜它没有生长的土地。"

张炎从兰花傲然挺拔的姿态中,看到了郑肖思不畏强敌的爱国情感,于是产生了敬佩之情。他欣然命笔,写下了《清平乐》词,"留得许多清影,幽香不到人间"就是这首词中的名句。

赏析

"留得许多清影,幽香不到人间。"这两句写兰花生长于深山,脱俗于红尘。它会留下许多清影,清艳含娇,幽香四溢,但不飘到世间。这是因为张炎所生活的时代处于亡宋之时,很多文人不屈于元人统治,坚守节义。又因为张炎自己也有着十分矛盾的内心挣扎和两难经历,所以兰在他眼中已非兰花,而是一种象征、一种精神。事实上,张炎笔端的兰,都是他自己的写照。那脱俗的风姿,不正展现了他"不以无人而不芳"的高雅性情。

绿杨烟外晓寒轻,红杏枝头春意闹

【名句】

lù yáng yān wài xiǎo hán qīng　hóng xìng zhī tóu chūn yì nào
绿 杨 烟 外 晓 寒 轻①,红 杏 枝 头 春 意 闹②。

【出典】

宋祁《玉楼春》。

【注释】
①烟:烟花,指美景。晓寒:清晨的寒意。
②闹:热闹,浓盛。

【译文】
绿柳梢外的淡烟漫笼里,轻晓的寒气悠悠飘荡,寒意已减。枝头上红杏盛开,一簇簇红艳艳的,好不热闹!

【原作】
东城渐觉风光好,縠皱波纹迎客棹。绿杨烟外晓寒轻,红杏枝头春意闹。浮生长恨欢娱少,肯爱千金轻一笑。为君持酒劝斜阳,且向花间留晚照。

【作者小传】
宋祁(998~1061),北宋文学家、史学家。字子京。开封雍丘(今河南杞县)人。天圣二年和哥哥庠同中进士,兄弟二人俱以文学著名,时号"大小宋"。做过国子监直讲、三司度支判官、知制诰、翰林学士、史馆修撰,累封莒国公,死后谥号景文。诗文温雅典丽,近西昆体。

宋祁写过一首《玉楼春》词,其中有这样一句:"红杏枝头春意闹。"

这句用一个"闹"字,把春意的境界全都表达出来,因而非常著名,被当时文人学士传为美谈,并由此称他为"红杏枝头春意闹尚书"。

当时有个词人张先,在所作《天仙子》中有一名句"云破月来花弄影",由此被称为"云破月来花弄影郎中(郎中是张先的官职)"。

宋祁很钦佩张先的文学才能,有一次专程去拜访他。来到张先的家门口,宋祁对看门人说:"你去通报一下主人,宋子京尚书要见'云破月来花弄影'郎中。"张先听了,赶紧出外迎接,刚走到屏风后面,就高兴地叫道:"是不是'红杏枝头春意闹'尚书来了?"

两人相见后,张先命家人即刻备办酒席,一面喝酒一面谈论诗词,大家都十分快乐。

赏析

"绿杨烟外晓寒轻,红杏枝头春意闹。"这两句感慨韶光易逝,欢娱难得,在借景抒情方面,向来为人们称道。特别是"红杏枝头春意闹"一句,更被推为"卓绝千古"的名句。诗人以拟人手法,一个"闹"字,将烂漫的大好春光描绘得活灵活现,呼之欲出,展现给了读者用大量笔墨都不易写出的春日万物争喧的情景,这正是词人的高明之处。王国维《人间词话》评为"着一'闹'字而境界全出"。

绿杯红袖趁重阳,人情似故乡

【名句】

lù bēi hóng xiù chèn chóng yáng, rén qíng sì gù xiāng
绿 杯 红 袖 趁 重 阳①,人 情 似 故 乡②。

【出典】

晏几道《阮郎归》。

【注释】

①趁重阳:欢度重阳节,借此机会纷纷到外游赏宴乐。
②人情似故乡:人情醇厚好似故乡。

【译文】

美人手捧玉杯,在这重阳佳节劝我喝个欢畅,深情厚意就似回到了故乡。

【原作】

天边金掌露成霜,云随雁字长。绿杯红袖趁重阳,人情似故乡。　兰佩紫,菊簪黄,殷勤理旧狂。欲将沉醉换悲凉,清歌莫断肠!

【作者小传】（见第60页）

故事

随着年龄的增长,人生的经历也不断加深。晏几道到了晚年,已不再是那种公子哥儿的感情了。

他晚年住在京城里,这是皇帝赐给他父亲的御宅。人一老,往往最思念的就是故乡。但晏几道那份情感却不是仅用"思乡"二字就能包容得下的。

时光逝去得真快,转眼之间又到了一年一度的重阳节。

时逢佳节,京都中的士女们都纷纷到郊外游赏。此时,酒家皆以菊花束成洞户,人们纷纷到郊外登高,然后聚到仓王庙、四里桥、愁台等处开怀畅饮。士女们登高后回到家中,接着就要剪彩缯为茱萸、菊、木芙蓉花相互赠送。

重阳节使人们都沉浸在欢乐之中。就在这欢闹中,晏几道也是千万人中的一位。但这与以前大不相同了,再没有什么人来讨好自己;自己也不必去讨好别人。他那些过去十分要好的朋友,如今,有的已经死去了,有的已经散去了。

因为别人都这样地兴高采烈,自己也不妨佩上紫兰、簪上黄菊,装出一副笑脸来。

佳节依旧,晏几道不由想起从前的时光,那时自己正年轻,每年也是闹着这些玩意儿。如今照样还是闹着,可是一切都不同了。

如今,人老了,那股傻劲也随着时光逝去。

瞻顾前头,从今以后,还有多少个年头的重阳节可以闹一闹呢?莫不如趁着今天这个佳节,尽情地热闹一番。

一天在热闹中过去了。回到府上,坐在书案前,缠绕心头的又是什么呢?

晏几道虽是地位显赫的晏殊的儿子,但他仕途却很不得意,只做过几年小官。在这短暂的仕途中也不是十分顺心,不久便退休居闲。几十年的风风雨雨,如今走到了这把年纪。整理一下自己的思绪,提笔写了《阮郎归》词,"绿杯红袖趁重阳,人情似故乡",便是这首词中的名句。

赏析

"绿杯红袖趁重阳,人情似故乡。"这两句写重阳时节,词人作客异乡,面对红袖佳人,美酒盛宴和主人的深情厚意,暂时抛开了悲凉的心绪,着实狂欢了一回。年轻时那种无忧无虑、风流奢华的生活早已成为遥远的回忆。现在悲凉压倒了一切,再也不是年轻时的样子了。

两岸青山相送迎,谁知离别情

【名句】

liǎng àn qīng shān xiāng sòng yíng shuí zhī lí bié qíng
两岸青山相送迎①,谁知离别情②?

【出典】

林逋《长相思》。

【注释】

①相送迎:互相送别互相迎接。
②离别情:别离时的痛苦心情。

【译文】

钱塘江两岸的青山啊,把多少远行的人儿迎送,但谁能知道离别的情谊呢?

【原作】

吴山青,越山青。两岸青山相送迎,谁知离别情？ 君泪盈,妾泪盈。罗带同心结未成,江头潮已平。

【作者小传】

林逋(967~1029),北宋诗人。字君复。杭州钱塘(今浙江杭州)人。性恬淡好古,不乐仕进,年轻时优游于江、淮间,晚年归隐杭州,结庐西湖孤山,二十年不涉足城市。在居所植梅养鹤,人称梅妻鹤子。自为墓于其庐侧。仁宗赐谥和靖先生。逋善行书,喜做诗,且多奇句。往往诗稿写完就扔掉,因欣赏其才学有人偷偷记下,今所传尚有300余篇。其诗澄淡高逸。七言律诗《山园小梅》是其

代表作,其中"疏影横斜水清浅,暗香浮动月黄昏"一联备受后人激赏,为咏梅千古绝唱。"疏影"、"暗香"亦成后人填咏梅词之调名。著有《和靖诗集》四卷。

故事

林逋的隐居处依山傍水,于是绕屋依栏,上上下下都是他种的梅花,每逢梅花绽放之时,他便整月不出门,终日赏梅,吟咏诗词。他养的鹤更有诗意,每当他出去游湖,有客人来了,家童便将客人接待入座,接着开笼放鹤。他在湖上望到家鹤飞来,就知道有客来访了,便划船而归。

依梅携鹤,人们都把他看成是脱世的人物,其实,他并不是一开始就是超尘绝俗的隐士。他曾有过远大的抱负和志向,但是,他仕途失意,特别是与这首《长相思》词有关的一段爱情经历,对他的隐居起了相当重要的作用。

林逋年轻时,曾爱恋过一位姑娘,这位姑娘对他也是一往情深,两人海誓山盟,希望有朝一日结成百年之好,可是,事与愿违,那位姑娘被迫嫁给别人。这给热恋中的林逋以极大的打击,使他痛不欲生。他徘徊于月下,在花前徘徊,过去那刻骨铭心的一幕又浮现在眼前,使他久久难以忘怀,于是他决定离家远游,以便慰抚那颗因失恋而滴血的心。

离别的一天到了,林逋怀着依依惜别之情,即将登舟远去,他刚刚上船,那位姑娘事先知道了他要远离家乡,便急急忙忙起来为他送行。两人相对无言,只有眼中的泪水滚滚而落。

在模糊的泪眼中,他们互相珍重,千言万语都融进那深情的相望中。小舟解缆远去了。从此以后,林逋在江、淮一带漫游了好多年。在漫游中,迎朝阳,送落日,伴明月,对繁星,他无时不在思念那位钟情的姑娘,于是,在朝思暮念中,便以那位姑娘的口吻写了《长相思》词,"两岸青山相送迎,谁知离别情"便是这首词中的名句。

赏析 shang xi

"两岸青山相送迎,谁知离别情?"这两句以拟人化手法移情寄怨。"青山相送迎",洋溢着喜悦之情,"谁知离别情",由景转情,由喜而悲,感情起伏跌宕,借青山无情反衬出离人有恨,深切道出了有情人诀别时的痛苦。这两句语言清

新,感情真率,唱出了吴越的地方风情,这名句如一朵溢香滴露的小花,盛开在唐宋爱情词的百花园中。

两情若是久长时,又岂在朝朝暮暮

【名句】

两情若是久长时①,又岂在朝朝暮暮②。

【出典】

秦观《鹊桥仙》。

【注释】

①两情:两人之间的感情。
②朝朝暮暮:早早晚晚。指日夜相聚。

【译文】

只要彼此间永远相亲相爱,又何必早早晚晚不离身旁。

【原作】

纤云弄巧,飞星传恨,银汉迢迢暗渡。金风玉露一相逢,便胜却人间无数。柔情似水,佳期如梦,忍顾鹊桥归路。两情若是久长时,又岂在朝朝暮暮。

【作者小传】(见第58页)

秦观曾两度入京应试,在元祐五年(1090)才制举及第。这是他一生中的重大转折。因为他很赞佩后汉时期马少游的为人,就把自己的字"太虚"改为字"少游"。人们就把他称作秦少游。

宋哲宗元祐元年，宣仁太后听政，起用司马光为相，苏轼也被提拔为翰林学士。秦观、黄庭坚、晁补之、张耒也相应地受到苏轼的提拔。他们一起谈文品诗，切磋学问，人称"苏门四学士"。

　　宋哲宗绍圣年间，政治局势发生了变化，朝廷起用穷凶极恶的章惇为相。他大兴党禁，元祐时期得志的人，就是他的眼中钉、肉中刺。苏轼等人在劫难逃，相继遭贬，秦观当然也在其内。在被贬临行时，当时正值秋天。有一天晚上，举头望见天空，想到牛郎织女的故事，想到织女那双灵巧的双手，能织出朵朵彩云编织出绚丽优美的图案。但织女和牛郎天各一方，隔河相望，心中有无限的惆怅。但每年七夕之夜，通过鹊桥，终于相会在银河之畔。这时候，秦观更想到这鹊桥相会竟像一场梦幻，这喜鹊搭成的长桥该多么遥远，怎能忍心回顾。但是只要彼此之间永远相亲相爱，也胜过那朝朝欢会，夜夜相伴。就这样，秦观想着想着，面对眼前京城爱妓恋恋不舍，于是情不自禁地挥笔写了这首《鹊桥仙》词送给她。"两情若是久长时，又岂在朝朝暮暮"，便是这首词中的名句。

赏析

　　"两情若是久长时，又岂在朝朝暮暮。"这两句不仅是历来咏牛郎织女相会的诗词所未曾道过的，就是在古诗词中也很少见。它一反相爱就应长相守、永不分离等习惯看法，提出两情之长并不在于朝朝暮暮在一起，真可谓惊世骇俗，掷地有声。此词之所以超出同类词作，被传诵不衰，就在于此。诚如沈际飞《草堂诗余续集》所评："(世人咏)七夕，往往以会少离多为恨，而此词独谓情长不在朝暮，化朽腐为神奇。"

流光容易把人抛，红了樱桃，绿了芭蕉

【名句】

liú guāng róng yì bǎ rén pāo　hóng le yīng táo lǜ le bā jiāo
流　光　容　易把人 抛①，红 了 樱　桃，绿 了 芭 蕉。

【出典】

蒋捷《一剪梅·舟过吴江》。

【注释】

①流光:飞逝的岁月。

【译文】

流逝的光阴容易把人抛在后面,转眼又是火红的樱桃,碧绿的芭蕉。

【原作】

一片春愁待酒浇。江上舟摇,楼上帘招。秋娘渡与泰娘桥,风又飘飘,雨又萧萧。　何日归家洗客袍?银字笙调,心字香烧。流光容易把人抛,红了樱桃,绿了芭蕉。

【作者小传】(见第8页)

蒋捷出身官宦世家,早年过的是灯红酒绿、无忧无虑的贵族公子的生活。但由于父母相继故去,使得家境每况愈下,最后虽没到饥寒交迫的地步,也是很难维持了。

蒋捷读书十分刻苦,再加上天资聪慧,到宋度宗咸淳十年(1274)考中了进士,同时也成了当时词坛上的一位名人。

蒋捷生活在南宋小朝廷那朝不保夕、风雨飘摇之际。当时元兵南侵使百姓无半日安宁、兵荒马乱之中,蒋捷时常随着逃难的人流,四处奔逃,无时不在苦难之中。

有一次,蒋捷随难民们逃到了吴江。此时,天边黑云翻滚,当他乘船过了秋娘渡,刚刚来到泰娘桥附近,便下起了潇潇的春雨,这一下便没完没了地下个不停,都说是秋风秋雨愁煞人,但这春风春雨对漂泊流浪在异乡的游子来说,也不亚于那秋风秋雨。

正在百无解脱之时,恰巧看到前面村庄的酒楼上,酒帘高挑,便产生了借酒浇愁的念头,于是,加快脚步,要去酒楼上喝几杯。

上了酒楼,找了座位刚刚坐下,忽听得有几声吴音传来,思乡之情不禁油然而生。一股凄楚撞上心头,他不知道什么时候才能再回到家乡,也不知道这

样没完没了的逃难,漫无目的地东躲西藏,何年何月才是个头。

　　蒋捷坐的正是个靠窗户的座位,那浓浓的吴音仍缭绕在耳边,再侧身细听,仿佛又没有了。百无聊赖中,蒋捷朝院中望去,院中的樱桃此时已经成熟了,春雨中,它们颗颗饱满,艳红欲滴;再看旁边的美人蕉,修长的绿叶已快探到窗口了。

　　红樱桃、绿芭蕉,在春风春雨中伴随着蒋捷。三杯薄酒下肚,蒋捷不禁暗想:在这春风春雨中,自然界的生物尚能自由自在地生长,而自己一个七尺男儿却身不由己,被战乱与敌寇逼得离乡背井四处逃难。

　　想到这里,他不免感伤起来。于是向酒家借来纸笔,即兴填下一首《一剪梅》词,"流光容易把人抛,红了樱桃,绿了芭蕉"就是这首词中的名句。

赏析

　　"流光容易把人抛,红了樱桃,绿了芭蕉。"这几句形象地点出了时光已在不知不觉之中春夏相融,其中"红"和"绿"化静为动,可谓妙笔,既暗示出时光的流逝,又写出了词人对生命盛衰、人生短暂的感悟,惆怅之情油然而生。

郎意浓,妾意浓。油壁车轻郎马骢,相逢九里松

【名句】

　　郎意浓,妾意浓①。油壁车轻郎马骢②,相逢九里松③。

【出典】

　　康与之《长相思·游西湖》。

【注释】

　　①妾:我。

②油壁车：四周垂帷幕，用油涂饰车壁的香车。

③九里松：据《西湖志》，唐刺史袁仁敬守杭时，植松于行春桥，西达灵隐、天竺路，左右各三行，每行隔八九尺，苍竹夹道，人行其间，衣袂皆绿。

【译文】

当年郎君与我情意浓，我坐上轻快的油壁车，郎君骑着白马伴我同行。奔驰在九里松的荫道之中。

【原作】

南高峰，北高峰，一片湖光烟霭中。春来愁杀侬。　　郎意浓，妾意浓。油壁车轻郎马骢，相逢九里松。

【作者小传】

康与之，南宋学者。字伯可，又字叔闻；号退轩，一号顺庵。洛阳(今属河南)人，居陈州宛丘(今河南淮阳)。建炎初高宗驻跸扬州，上《中兴十策》，名著一时。起为承务郎。秦桧当国，乃附会求进。绍兴十五年(1145)高宗以星变求言，与之上书言彗星不足畏，秦桧大喜，转改京秩。在朝以诗词应制，专为粉饰谀艳之作，名声扫地。与宦官相交游，伺机于徽宗御画扇上题诗云："玉辇宸游事已空，尚余奎藻绘春风。年年花鸟无穷恨，尽在苍梧夕照中。"令高宗大恸。秦桧死，与之被劾，二十五年除名编管钦州，后移雷州，复移送新州牢城。其人品鄙下，然诗词尚可观，词风妍媚，陈廷焯评为"哀感顽艳"(《白雨斋词话》)。今存《顺庵乐府》一卷，诗《椒亭小集》一卷。

故事

宋朝南渡之后，康与之对中原沦于金兵之手是怀着悲愤之情的。他曾于建业初年向朝廷上书《中兴十策》，其中颇有些见解。但当时把持朝政的是汪伯彦等人，他们根本不采纳康与之的建议。到秦桧当权时，康与之迫于生计，便违心地追随秦桧，被任命为台郎，于是他写了许多粉饰太平的诗词。

一次，宋高宗在宫中闲来无事，读了林和靖的那首《长相思》词，便感叹道："此词不可再复矣！"

他的意思是说：后人再也写不出这样的好词了。康与之听到宋高宗的感

叹,便连夜模仿林和靖的这首,一下写出99首。第二天马上找人来品评,经过大家认真筛选,向宋高宗呈上了《长相思·游西湖》词。宋高宗读了康与之这首《长相思》,果然是"龙颜大悦",连连称赞。"郎意浓,妾意浓。油壁车轻郎马骢,相逢九里松"便是这首词中的名句。

赏析

"郎意浓,妾意浓。油壁车轻郎马骢,相逢九里松。"这几句是回忆,交代愁思的缘故。其中"郎意浓,妾意浓",说郎情妾意都一样深厚浓郁;在短促的句子中,连用两个"意"字,两个"浓"字,给人印象深刻。叠句在词中所具有的积极功能,在此得到了高度的发挥。"油壁车轻郎马骢,相逢九里松。"化用古乐府《苏小小歌》:"妾乘油壁车,郎骑青骢马。何处结同心,西陵松柏下。"南齐钱塘名妓苏小小常乘车出游,有一段爱情故事:她遇到骑马的阮郁,一见倾心,约他在西陵桥畔松柏苍翠处相会。作者只取其中的某些语言和相约之事,不管其余。"油壁车轻",一个"轻"字露出乘车女子的愉快心情。"九里松"是西湖的一个名胜地,适合男女幽会。

零落成泥碾作尘,只有香如故

【名句】

líng luò chéng ní niǎn zuò chén　zhǐ yǒu xiāng rú gù
零　落　成　泥　碾　作　尘①,只　有　香　如　故②。

【出典】

陆游《卜算子·咏梅》。

【注释】

①零落:凋零飘落。碾:压碎。
②香如故:香气仍不消失。

【译文】

飘落在地被碾成尘粉,依旧散发着幽雅的清香。

【原作】

驿外断桥边,寂寞开无主。已是黄昏独自愁,更著风和雨。　无意苦争春,一任群芳妒。零落成泥碾作尘,只有香如故。

【作者小传】(见第23页)

由于积极主张抗金,反对宋朝的妥协投降,朝廷中的投降派对陆游进行了打击报复。

本来,朝廷要将陆游调任嘉州知府,但那些主张投降的官员就乘机进行造谣污蔑,给陆游加上了"不拘礼法"、"宴饮颓放"等罪名。于是,陆游受到了罢免嘉州知府的处分,而只给了他一个主管道观的名义,领取一点儿薪俸。

受到这次打击后,陆游心中十分愁闷,也很悲观。他想找老朋友们聊一聊,缓解一下心中的不快。但又一想,事情已经到了这种地步,也只有让他去吧!在孤独、失望中,陆游却又觉得自己的人格是高尚的,清白的。

一天黄昏,天色灰灰,细雨迷濛。陆游漫步在一座驿站的旁边。这座驿站因年久失修,早已破旧不堪。陆游在细雨中望着这凄冷的景象,觉得与自己现在寂寞的心境正相适宜。

正在他独自发愁的时候,忽然看到驿站外面断残的小桥旁有一株盛开的梅花。那株梅花孤独地挺立在那里,显得格外冷清。

陆游十分喜爱梅花,在他的一生中写下过100余首咏梅的诗词。在他的眼中,梅花性格刚强、坚毅,不畏冰雪严寒,所以,他赞美梅花是"花中气节最高坚"。

可是,眼前这株梅花呢?冷冷清清在这里饱经风雨的吹打,鲜花开尽却没有人来过问。然而,尽管是这样的遭遇,梅花依然独自吐着芬芳,散发出一阵阵幽香。这正是陆游遭受投降派嫉妒、排挤和打击的命运的写照,这正是陆游寂寞愁苦而又坚贞不屈、孤芳自赏性格的象征。

看着这孤零零的梅花,陆游不禁心潮翻滚,久久无法平静。在蒙蒙的细雨

中,陆游转身朝自己的住处走去。在当天夜里,陆游在淡淡的灯光下写下了这首《卜算子·咏梅》词,"零落成泥碾作尘,只有香如故"便是这首词中的名句。

赏析

"零落成泥碾作尘,只有香如故。"这两句写梅花的孤高,凌寒先发,却遭群芳妒忌;即使被碾成尘土,也不改芬芳的品质。托梅寄志,写物与写人,完全交织在一起。草木无情,花开花落,本是自然现象,其中却暗含着作者的不幸遭遇:屡遭投降势力的打击,仍不改抗金的初衷,虽九死而犹未悔,不肯与投降派同流合污的坚贞高尚的爱国情操。

M

莫等闲、白了少年头,空悲切

【名句】

mò děng xián　bái le shào nián tóu　kōng bēi qiè
莫　等　闲①、白　了　少　年　头,空　悲　切②。

【出典】

岳飞《满江红》。

【注释】

①等闲:随随便便的意思。
②空:白白。

【译文】

有志男儿不要随随便便,把青春年少抛弃,等两鬓苍苍再空自悲戚。

【原作】

怒发冲冠,凭栏处、潇潇雨歇。抬望眼,仰天长啸,壮怀激烈。三十功名尘与土,八千里路云和月。莫等闲、白了少年头,空悲切。　靖康耻,犹未雪。臣子恨,何时灭!驾长车,踏破贺兰山缺。壮志饥餐胡虏肉,笑谈渴饮匈奴血。待从头、收拾旧山河,朝天阙。

【作者小传】

岳飞(1103~1142),南宋抗金名将。字鹏举。相州汤阴(今属河南)人。徽宗宣和四年(1122),应募从军。英勇善战,屡建奇功,官至太尉,少保,河南、河北诸路招讨使,枢密副使等,封武昌郡开国公。后以坚持抗金,反对和议,为秦桧等以"莫须有"罪名所陷,囚大理寺狱死。孝宗淳熙六年(1179),追谥武穆;宁宗嘉定四年(1211),追封鄂王;理宗淳祐六年(1246),改谥忠武。岳飞精忠报国,武略超人,在文学上亦颇有成就。后人编有《岳忠武王文集》八卷,存文160余篇,《南京上高宗书略》、《奏乞出师札子》、《五岳祠盟记》等,激情磅礴,文辞刚劲。诗存十余首,《送紫岩张先生北伐》、《题新淦萧寺壁》等,格调高昂,一如其文。词存三首,尤以《满江红》最为著名。

宋高宗绍兴六年(1136)九月,岳飞带领岳家军长驱直入,杀进被金朝统治者侵占的陕洛地区,连连奏捷!朝廷上下,各地百姓尽皆拍手称快。然而,由于朝廷部置失当,岳家军处在孤军无援的状态中,岳飞又把自己的大本营从襄阳(今湖北襄樊市)迁回鄂州(今湖北鄂州市)。

这一天,岳飞骑在马上,带领队伍严装前进。队伍前,绣着宋高宗赵构亲笔书写的"精忠岳飞"四字的战旗猎猎展动。战士们的脸上虽然有疲乏、饥饿之色,但是每次战役都打胜仗,使整个队伍中洋溢着一股高昂的斗志。岳飞感受着身边战士们的整肃行动中透露出来的情绪,心中想着,只要全局部署得当,岳家军不但可以制胜黄河以南的敌伪军,而且可以北渡黄河,去收复幽燕。

忽然,天下起雨来。岳飞便和部将们一起下马步行。走了好长一段路,才找到一座寺庙避雨。避雨时,岳飞和部属闲谈起来。

"岳少保,我们刚才劝你不要下马,你为何执意要步行呢?"部将中有人问。

"我在雨中步行,是要把身体锻炼得能吃苦耐劳,不然,作为军官,自己不能身先士卒,官职一高就变得娇气了,还成什么样子!"岳飞笑着说,"你们这些人,也应如此,金贼未灭,我们要想为国为民建功立业,必须先要习惯于勤劳。"

正说着,岳飞的眼光盯在寺庙后的一座小山上,他的心一下子想到了自己立志要去收复的燕京城,又把话题转到进军河朔和收复幽燕的问题上:

"你们有人见过黄龙城(即燕京城)吗?我到过那座城下。它的城高和那边的小山差不多。这次我们杀金贼,要一直杀到黄龙城里。等到那时,咱们一定要

大大庆贺一番。你们每人要赏赐两骆驼金帛,我也要放开酒量和你们痛饮一番!"

一位部将痛快地说:

"我倒并不想宣抚赏赐金帛。我们平时都知道宣抚志在恢复中原,今天才知道宣抚想得这样远,要一直打到燕地。只要打到那里,使您的大志实现,国家统一,我们比赏赐什么都高兴!"

其他的将领们也都慷慨激昂,表示要尽力随岳飞打到黄龙城,扫荡敌人巢穴,为国雪耻。岳飞的热血更加沸腾了,他信心百倍地遐思着抗金事业的美好远景。

雨渐渐地停了,远处的山林更加青翠。岳飞凭栏远眺,情不自禁地引吭高歌了《满江红》词,"莫等闲、白了少年头,空悲切"便是这首词中的名句。

赏析

"莫等闲、白了少年头,空悲切。"这几句是岳飞的奋勉自励,字字掷地有声,可为千古箴铭。"莫等闲"这几句也是写今后的生活态度,不要随便虚度光阴,等到头上长满白发的时候,再来后悔悲伤也只是徒然的了。现在常用来勉励人们要珍惜时光,年轻时要加倍努力,不要等到老年时再来后悔。

莫将清泪湿花枝,恐花也如人瘦

【名句】

mò jiāng qīng lèi shī huā zhī kǒng huā yě rú rén shòu
莫 将 清泪湿花枝①,恐 花也如人 瘦②。

【出典】

周邦彦《一落索》。

【注释】

①湿花枝:沾湿盛开的花枝。

②如人瘦：悲伤得像人一样消瘦。

【译文】

不要让清澈的泪水沾湿盛开的花枝，恐怕花也会悲伤得像人一样消瘦。

【原作】

眉共春山争秀，可怜长皱。莫将清泪湿花枝，恐花也如人瘦。　　清润玉箫闲久，知音稀有。欲知日日倚栏愁，但问取亭前柳。

【作者小传】

周邦彦(1056~1121)，北宋词人。字美成，号清真居士。钱塘(今浙江杭州)人。少年落魄不羁，后在太学读书，宋神宗时因献《汴京赋》为太学正。哲宗时任庐州教授、知溧水县、国子主簿、秘书省正字。徽宗时仕途较坦荡，先后为校书郎、议礼局检讨、大晟府提举，为朝廷制礼作乐。晚年知顺昌府和处州、南京鸿庆宫提举。卒，赠宣奉大夫。他精通音律，创制不少新词调，如《拜新月慢》、《荔支香近》、《玲珑四犯》等。现存词200余篇，多写男女之情和离愁别恨，内容较为单薄，调子很低沉。其词承柳永而多有变化，市井气少而宫廷气多，词风也比柳永更典雅含蓄，且长于铺叙，善于熔铸古人诗句，辞藻华美，音律和谐，具有浑厚、典丽、缜密的特色。如《瑞龙吟》(章台路)、《西河》(佳丽处)等。其写景小词，富有清新俊逸的情调，如《苏幕遮》等。他是大晟词人的代表，是婉约派和格律派的集大成者，开南宋姜夔、张炎一派词风，对后世影响很大。有《片玉集》(又名《清真集》)。

周邦彦不仅写得一手好词，而且还精于作曲。他常常把自己创作的精美的词配上优美的曲子。这些词典一经传出，便为人们争相传唱。所以，歌妓、舞妓大都知道周邦彦的大名。

那时，有才气的人都时常出入娼寮妓馆，周邦彦更是经常出入。特别是开封的名妓李师师，与周邦彦更有很深的交情。

那名妓李师师色艺双绝，最喜欢唱的就是周邦彦的作品。他们两人交情日深，周邦彦也就经常住在李师师那里，久而久之，竟到了难以自拔的地步。

当时周邦彦身为朝廷命官,却整天泡在歌妓那里,就要遭到人们的非议。于是他只得趁人不注意时去与李师师幽会,而平时,他就装作与李师师的关系极一般的样子。

但是,生性风流的周邦彦无论怎样也是管不住自己,便常常倚在柳树下的亭栏上,愁闷彷徨,想起李师师与他分别时那种依依不舍、泪眼汪汪的样子,他心底十分难过,于是写了《一落索》词,"莫将清泪湿花枝,恐花也如人瘦"便是这首词中的名句。

赏析

"莫将清泪湿花枝,恐花也如人瘦。"这两句一脱"人面如花"的窠臼,写得层次丰富,意蕴曲折,委婉多姿,富有新意。李清照的名句"帘卷西风,人比黄花瘦"即脱胎于此。清人陈廷焯《白雨斋词话》说:"顿挫之妙,理法之精,千古词宗,自属美成。"

莫道不消魂,帘卷西风,人比黄花瘦

【名句】

mò dào bù xiāo hún　lián juǎn xī fēng　rén bǐ huáng huā shòu
莫 道 不 消 魂①,帘 卷 西 风,人 比 黄 花 瘦②。

【出典】

李清照《醉花阴》。

【注释】

①消魂:江淹《别赋》:"黯然销魂者,惟别而已矣。"
②黄花瘦:黄花,菊花。比喻比菊花还要瘦。

【译文】

谁说此情此景,不令人黯然神伤,阵阵秋风卷起帷帘,闺中的人比菊花还

要消瘦。

【原作】

薄雾浓云愁永昼,瑞脑消金兽。佳节又重阳,玉枕纱厨,半夜凉初透。东篱把酒黄昏后,有暗香盈袖。莫道不消魂,帘卷西风,人比黄花瘦。

【作者小传】(见第31页)

李清照出身书香门第,从小博览群书,才思敏捷,琴棋书画,样样精通,特别擅长写词,无论抒情咏物,都能曲尽其妙。

李清照18岁那年,和太学生赵明诚结了婚。明诚是吏部侍郎赵挺之的儿子,从小受到良好的教育,在金石学方面很有造诣。两人才貌相当,志趣相投,婚后生活过得十分美满。

每天晚上,当明诚从太学回来时,清照总要准备一点儿菜肴,两人在房中对坐小酌,吟诗取乐。明诚虽然知识渊博,但不如清照那样才气横溢,往往成诗较慢,因此经常被清照罚酒,喝得酩酊大醉。

两年欢乐相聚的日子很快过去了。明诚从太学毕业后,就被派到离汴京(北宋都城,今河南开封)几十里外的县城去做官。由于公务繁忙,他只能每隔一个月回来一次。这种两地分居的生活,使清照感到非常寂寞。

每当春花烂漫的良辰和秋月皎洁的夜晚,清照总要独坐高楼,举目远眺,默默地数着明诚归来团聚的日子。难以排遣的思念之情经常困扰这位才女的心,使她变得形容憔悴,身体一天比一天消瘦下去。

一年一度的重阳佳节来到了。庭院里弥漫着轻纱似的薄雾。微风过处,飘来阵阵菊花的清香。往年这一天,明诚总要回来陪着清照游园赏花,共度良辰,可是今天,清照却只能独坐空房守着炉香,度过难熬的白天。

半夜以后,清照从碧纱帐里一觉醒来,感到了侵人的凉意。她漫步走到窗前,忽然一阵秋风把湘帘高高卷起。只见东篱下几丛黄花正在风中摇曳,那形象同自己瘦弱的身影多么相似!她的诗思一下子被挑了起来。

这时,清照为了抒发自己思念亲人而百无聊赖的凄凉心情,她立即走到书桌旁边,铺开锦笺,挥笔写成了一首著名的《醉花阴》词,"莫道不消魂,帘卷西

风,人比黄花瘦"便是这首词中的名句。

赏析

"莫道不消魂,帘卷西风,人比黄花瘦。"这三句创造了一个凄情寂寥的深秋怀人的境界。"帘卷西风"一句,更直接为"人比黄花瘦"句作环境气氛的渲染,使人想象出这样一个画面:重阳佳节,佳人独对西风中的瘦菊。据说,李清照填了这首《醉花阴》寄给在外地的赵明诚。明诚读后叹赏不已,惹得比试之心大起,于是杜门谢客,三夜未眠,废寝忘食,填写了50余首词,意欲胜过清照。后来赵明诚将这些词和李清照的《醉花阴》词混在一起,请他的朋友陆德夫看。陆德夫看后说:"只此三句最工。"明诚问:"是哪三句?"陆德夫说:"莫道不消魂,帘卷西风,人比黄花瘦。"这三句正是清照《醉花阴》词中的名句。

N

弄潮儿向涛头立,手把红旗旗不湿

【名句】

nòng cháo ér xiàng tāo tóu lì　shǒu bǎ hóng qí qí bù shī
弄 潮 儿 向 涛 头 立①,手 把 红 旗 旗 不 湿②。

【出典】

潘阆《酒泉子(长忆观潮)》。

【注释】

①弄潮儿:在潮头上游泳、戏耍的小伙子。
②把:高擎着。宋时杭州风俗,钱塘江大潮来时,善泅者数百,手持彩旗,浮游江中,以旗不沾湿为能。

【译文】

那勇敢的小伙子偏要在潮头戏耍,手中的红旗却不沾一点儿水浪。

【原作】

长忆观潮,满郭人争江上望,来疑沧海尽成空,万面鼓声中。　弄潮儿向涛头立,手把红旗旗不湿。别来几向梦中看,梦觉尚心寒。

【作者小传】

潘阆(?~1009),字梦空,一说字逍遥,又说自号"逍遥子"。大名(今属河北)

人,一说是扬州(今属江苏)人。不屑于参加科举考试,以卖药为生。王禹偁《寄潘阆处士》描写他说:"烂醉狂歌出上都,秋风时节忆鲈鱼。江城卖药长将鹤,古寺看碑不下驴。一片野心云出岫,几茎吟发雪侵梳。算应冷笑文场客,岁岁求人荐《子虚》。"至道元年(995),潘阆因宦官王继恩的推荐,得到宋太宗的召见,赐进士及第,做国子助教。不久王继恩犯罪下狱,潘阆怕受牵连,逃进今山西省南部黄河北岸的中条山。宋真宗曾过问逮捕审讯,不久获宽释,寓居皖南一带,任滁州(今属安徽)参军。晚年遨游于大江南北,放怀湖山,有记载说他曾寓居钱塘(今浙江杭州),最后死于泗上(今江苏省淮阴市一带)。

潘阆以性格疏狂闻名于时,宋代流传了许多关于他的掌故。其诗才也不俗,他的创作是遵循贾岛以来的"苦吟"传统,不过在他身上似乎传统的影响远不若个性的力量,他的诗风更倾向于自然真率,闲逸疏放。其诗如《秋夕旅舍书怀》一篇,《喜腊雪》一篇,间有五代粗犷之习,而其他风格孤峭,亦尚有晚唐作者之遗。著有《逍遥集》传世。

故事

潘阆年轻时曾在汴京(今开封)卖药为生,经常一边卖药,一边吟诗。到宋真宗时,许多名人都与他有交往,真宗便召见他,授以滁州参军。这时潘阆已年过半百,自知已老,便弃官不做,而与志同道合的好友结伴游览浙南的风景名胜。此时正值中秋,八月十八日,他们来到钱塘江边观潮。

这天,东方刚透出鱼肚白,江边上已人山人海了,几乎整个杭州城的人都来到了这里,在等待那惊心动魄的时刻的到来。这时,传来哗哗的江涛声,眼前还没有潮头出现,人们都瞪大了眼睛,等着观看那雄奇无比的钱塘江大潮。

正当人们翘首眺望、望眼欲穿的时候,忽然人群骚动,喊声四起:"看啊,大潮来了!"伫立江边的潘阆忙顺着别人指的方向看去,只见远远的涛头如一条银线,隐隐伴着隆隆声传来。转眼间,那远远的银线变成了一堵高墙,那潮声挟着万钧之力,咆哮奔腾,排山倒海滚滚而来,仿佛是万人擂响的千万面大鼓,直震得天摇地动。但仍有一些"弄潮儿",他们却无视海浪的吼叫,纷纷跃入水中,手持红旗,在狂涛巨浪中表演着令人胆战心惊的动作。

观过钱塘潮,游遍杭州的名胜古迹,潘阆告别了杭州。但钱塘潮水的壮观场面,却时时在脑海中浮现。他想起唐代大诗人李白《横江词》中的名句:"浙江(即钱塘江)八月何如此?涛似连山喷雪来。"终使他打开了创作的闸门,于是写

下了《酒泉子(长忆观潮)》词,"弄潮儿向涛头立,手把红旗旗不湿"便是这首词中的名句。

赏析

"弄潮儿向涛头立,手把红旗旗不湿。"这两句是对弄潮儿的描写。他们在惊涛骇浪中手持红旗,随波起伏,履险如夷,为本是奇观的潮涌之景再置奇观,表现了作者对弄潮儿的不凡身手和无畏精神的赞美之情。听说苏轼很喜欢这首词,把它写在了玉堂屏风上。

男儿西北有神州,莫滴水西桥畔泪

【名句】

nán ér xī běi yǒu shén zhōu　mò dī shuǐ xī qiáo pàn lèi
男　儿　西　北　有　神　州①,莫　滴　水　西　桥　畔　泪②!

【出典】

刘克庄《玉楼春·戏呈林节推乡兄》。

【注释】

①神州:指中原广大沦陷区。
②水西桥:妓女住的地方。

【译文】

好男儿不忘沦陷的国土,不要在那水西桥边醉生梦死!

【原作】

年年跃马长安市,客舍似家家似寄。青钱换酒日无何,红烛呼卢宵不寐。易挑锦妇机中字,难得玉人心下事。男儿西北有神州,莫滴水西桥畔泪!

【作者小传】（见第 48 页）

故事

刘克庄有一个姓林的朋友,在官府里任职。这人平日不关心国家大事,生活上又放荡不羁,老是骑着马在城里城外游逛。白天里,他只管花钱买酒,常常喝得昏天黑地;到了夜晚,又在明晃晃的烛光下跟别人呼卢喝雉地赌钱,闹得通宵不眠。他把酒馆、妓院当成了家,而自己真正的家倒成了临时的寄居之地。

刘克庄对这个朋友的行为很不满意,有恨铁不成钢之感,为了劝导他改恶从善,重做新人,于是有感而发,挥笔写了《玉楼春》词,"男儿西北有神州,莫滴水西桥畔泪"便是这首词中的名句。

赏析

"男儿西北有神州,莫滴水西桥畔泪。"这两句以西北神州与水西桥畔并列,由家而及国,词婉而意庄,让友人自己体会冶游之无益,而从耽迷声色的生活中苏醒过来,从偎红倚翠中解脱出来,立志为收复中原建立一番功业。这样的规箴,真是语重心长。

P

凭谁问,廉颇老矣,尚能饭否

【名句】

píng shuí wèn lián pō lǎo yǐ shàng néng fàn fǒu
凭 谁 问,廉 颇 老 矣,尚 能 饭 否①?

【出典】

辛弃疾《永遇乐·京口北固亭怀古》。

【注释】

①"凭谁问"三句:《史记·廉颇蔺相如列传》:"廉颇居梁。久之,魏不能信用。赵以数困于秦兵,赵王思复得廉颇,廉颇亦思复用于赵。赵王使使者视廉颇尚可用否,廉颇之仇郭开,多与使者金,令毁之。赵使者见廉颇,廉颇为之一饭斗米,肉十斤,被甲上马,以示尚可用。赵使者还报曰:'廉将军虽老,尚善饭;然与臣坐,顷之,三遗矢矣'。赵王以为老,遂不召。"作者以廉颇自比,说明没人能够重视他。凭:凭借,依靠。

【译文】

有谁会来问:廉颇已老,英勇威风可曾如故?

【原作】

千古江山,英雄无觅,孙仲谋处。舞榭歌台,风流总被雨打风吹去。斜阳草树,寻常巷陌,人道寄奴曾住。想当年,金戈铁马,气吞万里如虎。　　元嘉草

草,封狼居胥,赢得仓皇北顾。四十三年,望中犹记,烽火扬州路。可堪回首,佛狸祠下,一片神鸦社鼓。凭谁问,廉颇老矣,尚能饭否?

【作者小传】(见第4页)

1204年,也就是南宋嘉泰四年的春天,辛弃疾被调到镇江当知府。等他到了任上,他才明白这是一场骗局。当权的大臣韩侂胄因为知道蒙古已经崛起,金朝正日趋衰落,他想利用这个机会发动对金国的战争,以建立功勋,巩固自己的权位。韩侂胄这次起用辛弃疾只不过用他在主战派心中的威望,使自己的阴谋得以实现。

当辛弃疾知道这些以后,真不愿到镇江去上任,但是已为人臣,又怎能违命不遵呢?于是他匆匆到了镇江上任。

这时的镇江已经和抗金初年的镇江大不相同了,那时的镇江是抗金的第一道防线,由于皇帝坚持抗金,并有了充足的准备,使抗金斗争有条不紊地进行着,打退了敌人的许多次进攻,不但没有丢失一寸土地,反而使敌人一想到镇江军民的斗争精神即谈虎色变。现在,由于主和派在朝中的势力日益增大,而在他们的思想中只有把镇江做为"天限南疆北界"的自然屏障而已,不加建设,消极抗敌,屡遭金兵的袭击,没有很好的防卫设施,使土地荒芜,人民流离失所。辛弃疾到任之时,镇江已是一派防务废弛、市井萧条的景象。

心事重重的辛弃疾没有回府里,也没有带随从,而是步行登上了镇江北固山上的北固亭。面对北面的长江,他心潮澎湃,往事一幕幕涌上心头,他想到很多很多——

镇江自古就是兵家必争之地,东汉建安十四年至十六年,孙仲谋就曾经把自己的都城从现在的苏州迁到镇江,并把镇江称为京城。而今天,再也没有了当年枭雄孙权的影子。东晋南朝时也很重视对镇江的建设,因为镇江的地理位置很有利,曾经一时成为繁华的重镇。那时商贾云集,一派繁华景象。但是好景不长,世过人迁,到了宋武帝刘裕的时候,镇江的形势发生了很大的变化。刘裕出身贫贱,但他从军发达后,能内平桓玄之乱,外灭南燕和后秦。尽管一度收复洛阳和长安,但可惜因急于谋夺东晋政权,引兵东下。这样就使得敌兵乘虚而入,夺取关中,从而使恢复中原的伟大抱负,功败垂成。

由刘裕的失败，辛弃疾又想到东汉大将卫青、霍去病，想到宋文帝。卫青、霍去病追击入侵的匈奴兵，不但把匈奴兵从国土上赶出去，而且一直打到现在的内蒙古自治区的西北部，并在狼居胥封山而还。

而宋文帝的情景和卫青、霍去病大相径庭。卫青、霍去病是大胜而回，宋文帝却在元嘉二十七年，听信被沈庆之骂为不足与之谋的王玄谟、徐湛之等人的话，在战前没有进行充分的准备，而和北魏开战，梦想像卫青、霍去病一样取得辉煌胜利，结果却是大败而归。

不论是卫青、霍去病，还是宋文帝都已是历史，而自己呢？自己又做了些什么呢？从在烽火中由北方率领的一支起义的队伍突破金兵的重重阻击南归，满想支持南宋政权恢复北方，统一祖国，干一番事业。但是，在腐朽的南宋政权之下，屡遭升贬，直至这次身肩重任，来到镇江前线，已经整整四十三年了。这四十三年，变化不可谓不大，国家日趋衰微，扬州一带的局势又大不如四十三年前的一片抗金情形了。而自己的命运又是和整个国家的命运息息相关的，在政治上经受种种打击，壮志难酬，纵有一腔报国热情又有什么用呢？

想到这里，辛弃疾随口咏了一首《永遇乐·京口北固亭怀古》词，"凭谁问，廉颇老矣，尚能饭否？"便是这首词中的名句。

赏析

"凭谁问，廉颇老矣，尚能饭否？"这几句是作者以廉颇自比，自发感慨，说自己虽然老了，还不忘为国效力，恢复中原，可是朝廷一味屈膝媚敌，早没有起用他的意思。这里，通过典故的暗示和启发作用，丰富了作品的形象，深化了作品的主题。这真是引古用事，铸史熔经，无斧凿痕，成为千古绝唱。

平芜尽处是春山，行人更在春山外

【名句】

píng wú jìn chù shì chūn shān　xíng rén gèng zài chūn shān wài
平 芜 尽 处 是 春 山①，行 人 更 在 春 山 外②。

【出典】
欧阳修《踏莎行》。

【注释】
①平芜：平坦的草地。
②春山：青山。

【译文】
平坦的草地尽头是青山，而你的远行人，更比青山远，你想看上一眼，可怎么会看得见！

【原作】
候馆梅残，溪桥柳细，草薰风暖摇征辔。离愁渐远渐无穷，迢迢不断如春水。　　寸寸柔肠，盈盈粉泪，楼高莫近危阑倚。平芜尽处是春山，行人更在春山外。

【作者小传】
欧阳修(1007~1072)，北宋史学家、文学家。唐宋散文八大家之一。字永叔，号醉翁，晚号六一居士。吉州吉水(今属江西)人。欧阳修自称庐陵人，因为吉州原属庐陵郡。

景祐三年，范仲淹因上章批评时政，被贬饶州，欧阳修为他辩护，被贬为夷陵(今湖北宜昌)县令。康定元年(1040)，欧阳修被召回京，复任馆阁校勘，后知谏院。庆历三年(1043)，范仲淹、韩琦、富弼等人推行"庆历新政"，欧阳修参与革新，提出了改革吏治、军事、贡举法等主张。庆历五年，范、韩、富等相继被贬，欧阳修也被贬为滁州(今安徽滁州)太守。至和元年(1054)八月，奉诏入京，与宋祁同修《新唐书》。嘉祐二年(1057)二月，欧阳修以翰林学士身份主持进士考试，提倡平实的文风，录取了苏轼、苏辙、曾巩等人。这对北宋文风的转变很有影响。嘉祐五年(1060)，欧阳修拜枢密副使。次年任参知政事。以后，又相继任刑部尚书、兵部尚书等职。神宗熙宁二年(1069)，王安石实行新法。欧阳修对青苗法曾表异议，且未执行。熙宁三年(1070)，除检校太保宣徽南院使等职，坚持不受，改知蔡州(今河南汝南县)。这一年，他改号"六一居士"。熙宁四年(1071)六月，以太子少师的身份辞职，居颍州。卒谥文忠。主要作品为与宋祁合修《新唐书》，独撰《新五代史》(《伶官传序》出于此)。有《醉翁亭记》、《秋声赋》、《六一

词》等，结为《欧阳文忠集》。《六一诗话》是我国第一部诗话。

故事

景祐元年(1034)，欧阳修应召入京，充任馆阁校勘，与范仲淹同在朝中侍奉天子。当时，宰相吕夷简把持朝政，任亲蔽贤，使得许多朝臣敢怒而不敢言。景祐三年五月，范仲淹上奏，批评吕夷简一伙专擅权势，结党营私。奏章未上奏皇上，先被吕夷简的宠信扣下。吕夷简见范仲淹将矛头对准自己，心中愤怨，寻找事由，将范仲淹贬职饶州。

不几日，欧阳修与朋友余靖、尹洙也先后落职外任。但欧阳修坚持自己的政治主张，决意要为范仲淹在朝廷申辩。一天，他来到在朝居官的友人家中，请人为他向皇上递奏折。友人看过奏折，面带尴尬道："不是我不给你帮忙，只是吕夷简指使御史台立榜，绝不允许百官越职言事。如今就是递了上去，也会被扣下来，落在宰相手中。何况你如此言辞，定要触怒权贵，得罪了宰相，可不是我能承担得起呀。你不妨听我一句，保住自己的官就行了，别再争辩什么了！"欧阳修体谅友人的一番心意，而心中却更加不平。"奸臣当道，贤人受贬，谏官畏惧权势，妄依人言，如此何以主持正义，何以治国兴国？"欧阳修激愤不已，提笔写了一封《与高司谏书》，力斥谏官高若纳："不复知人间有羞耻事。"信一送出，祸事便降到欧阳修身上，被贬为夷陵(今湖北宜昌市)县令。

路遥遥，人伤怀。欧阳修风雨兼程，向那个偏远的小山城而去。到了夷陵县境，走在一片平原之上，远处是连绵不断的小山丘，再翻过那些山，就到县城了。此时正值早春天气，正午的阳光暖暖地照在他身上，闻着草儿的清香，听着马儿辔环叮当作响，欧阳修感到全身舒畅。昨夜，住在客馆，也许是旅程将尽，心中不宁；也许是春至犹寒，欧阳修看着窗棂上冷月映照出的残梅影子，怎样也无法入睡。现在，被太阳一照，借着马背上的晃动，他竟然在马鞍上打起瞌睡来，迷糊中，好像京中酒楼上，与他相好的歌妓，正站在那里，向他挥手告别。忽然，马儿打了一个响鼻，把欧阳修从幻觉中拉了出来。欧阳修抬起头，双手揉揉眼皮。回头望，天地茫茫；向前看，春山无尽。欧阳修不免轻叹一声，口咏一首《踏莎行》词，"平芜尽处是春山，行人更在春山外"就是这首词中的名句。

赏析

"平芜尽处是春山,行人更在春山外",这两句写行役的游子,还远在那春山之外,那重重叠叠的山峦起伏,只会让人见了心碎,把游子的深沉离愁,婉转细腻地表现出来了。梁元帝萧绎有《荡妇秋思赋》(荡妇是指长期在外乡流浪的人的妻子)云:"荡子之别十年,倡妇之居自怜。登楼一望,惟见远树含烟。平原如此,不知道路几千?"其写闺思,与欧词同,但萧赋是作者直接叙述,而欧词则从远行征人的设想写,同中有异。

平冈细草鸣黄犊,斜日寒林点暮鸦

【名句】

píng gāng xì cǎo míng huáng dú, xié rì hán lín diǎn mù yā
平 冈 细 草 鸣 黄 犊①,斜 日 寒 林 点 暮 鸦②。

【出典】

辛弃疾《鹧鸪天》。

【注释】

①平冈:山脊平坦地。鸣:黄犊嚼草时所发出的声响。
②点:动词,点缀的意思。

【译文】

在山脊平坦的地方,小黄牛在嚼食着嫩草;早春的傍晚,树林里点缀着几只乌鸦。

【原作】

陌上柔桑破嫩芽,东邻蚕种已生些。平冈细草鸣黄犊,斜日寒林点暮鸦。山远近,路横斜,青旗沽酒有人家。城中桃李愁风雨,春在溪头荠菜花。

【作者小传】(见第4页)

故事

辛弃疾在江西省上饶带湖闲居时,常与乡村野老欢然相处,细心观察农村生活。

有一年早春季节的一天傍晚,辛弃疾沿着山间小路悠然信步。一路望去,田头栽种的桑树枝头冒出了葱绿的嫩芽。他想,是啊,已到摘桑养蚕的季节了,邻居家都孵化出幼蚕了。长满野草的山坡上,正在放青的农家小黄牛在"哞哞"地鸣叫撒欢。斜阳的余晖照着尚带寒冷气息的树林,几只归鸦在林子上空盘旋,"呱呱"地叫着。

辛弃疾站在山岗上,抬头可以看到远山,看到那弯弯曲曲的小路旁挂着青色酒旗的乡间酒馆。再远望去,那小路的尽头,该是到城里了吧?那城中的桃树李树怕风吹雨打,老是发愁花儿凋谢得早;可是,生长在农村的野荠菜,却生机勃勃,迎着春风,白色的花朵开满溪头,露出一片明媚的春光。

辛弃疾看到这大好春光,内心感到无比喜悦,于是写了一首有浓郁生活气息,富于诗情画意的《鹧鸪天》词,"平冈细草鸣黄犊,斜日寒林点暮鸦"便是这首词中的名句。

赏析 shang xi

"平冈细草鸣黄犊,斜日寒林点暮鸦。"这两句以其生花妙笔,为我们描绘了一幅生意盎然的江南农村初春风物画:在柔嫩的青草地上欢叫的牛犊,在夕照中归林的乌鸦。景色井然有致,明丽如画,充满了生机和泥土气息,表现了词人对农村的淳朴感情和审美情趣。

平生事,此时凝睇,谁会凭栏意

【名句】

平生事①,此时凝睇②,谁会凭栏意!

【出典】

王禹偁《点绛唇》。

【注释】

①平生事:指人生的功名事业。
②凝睇:凝神注视。

【译文】

凝神远眺触发了无限感慨,有谁理解我期待奋飞的心!

【原作】

雨恨云愁,江南依旧称佳丽。水村渔市,一缕孤烟细。　　天际征鸿,遥认行如缀。平生事,此时凝睇,谁会凭栏意!

【作者小传】

王禹偁(954~1001),字元之,济州钜野(今属山东)人。登太平兴国八年(983)进士第。历任威武(今属山东)主簿、翰林学士、滁州(今属安徽)、扬州(今属江苏)、黄州(今属湖北)、蕲州(今湖北蕲春)等地知州。王禹偁是宋初著名直臣,居官清正,秉性刚直,关心民生疾苦,洞察政治时弊,曾多次上书提出改革意见,为北宋政治改革之先驱。其直言敢谏,颇为朝中权贵所不容,因而前后三次被贬。晚年贬于黄州,后世因而多称其"王黄州"。

王禹偁诗文都负盛名。做文章师法韩愈,他的古文创作成就在宋初倡导古文的作家中最为突出。诗歌则学习白居易,是宋初"白体"诗人(学习白居易风格的诗人)中成就最高的一位。王禹偁同时又开始重视并学习杜甫,艺术上因而有

所提高。他在一定程度上避免了"白体"诗常见的内容浅薄、语言浅俗等弊病，而追求内容深警、语言精练，因此他虽是"白体"诗派的后起之秀，却被时人看做这一派的巨子。《待漏院记》、《黄州新建小竹楼记》、《答张扶书》等为其代表作。其诗亦平易深醇，名篇有《对雪》、《感流亡》、《畲田词》等。著有《小畜集》、《小畜外集》传世。

故事

有一年春天，王禹偁来到了江南水乡。那天正好下雨，在烟雨蒙蒙中，景色依然是非常美丽迷人的。他看到渔市村庄，星罗棋布；青山相抱，绿水环绕，缕缕炊烟，袅袅上升。蓝天上，更有一队大雁在振翅高飞。看到振翅高飞的大雁，他激动了。因为他想起自己理想和抱负还没有实现，还需要继续奋斗，一定要干出一番大事业来。可是，多么遗憾呀！他的一片心意，又有谁能理解呢？为了抒发这种心情，于是写了《点绛唇》词，"平生事，此时凝睇，谁会凭栏意"就是这首词中的名句。

赏析

"平生事，此时凝睇，谁会凭栏意！"这是以问句感叹知音稀少，大业难成，不仅委婉含蓄，留有袅袅余音，而且使该词从单纯的即景抒情提高到言志抒怀的境界，较之五代的绮靡词风，这无疑是个大的进步。《词苑萃编》称赞这几句词"清丽可爱"，这一评价是中肯的。可惜王禹偁仅仅只有这一首词传世，这不禁让后人感到遗憾。

Q

去年春恨却来时。落花人独立,微雨燕双飞

【名句】

qù nián chūn hèn què lái shí　luò huā rén dú lì　wēi yǔ yàn shuāng fēi
去 年 春 恨 却 来 时①。落 花 人 独 立,微 雨 燕 双 飞②。

【出典】

晏几道《临江仙》。

【注释】

①却来:再来。
②"落花"二句:出自五代翁宏《春残》诗:"又是春残也,如何出翠帏?落花人独立,微雨燕双飞。"此处借用翁宏诗句。

【译文】

去年那无穷的春恨啊,又涌上心头与我相随。独自站立在落花前,看细雨中燕子双双飞。

【原作】

梦后楼台高锁,酒醒帘幕低垂。去年春恨却来时。落花人独立,微雨燕双飞。　记得小蘋初见,两重心字罗衣。琵琶弦上说相思。当时明月在,曾照彩云归。

【作者小传】（见第 60 页）

这首《临江仙》词，是宋代词人晏几道的代表作。

晏几道是宋朝初期著名词人晏殊的第七个儿子，从小便十分聪颖，特别是在父亲晏殊的培养熏陶下，十几岁就有了一些名气，被人们称为小晏。

有一次，因为开封和大理寺在同一天里，把各自监狱中所有的囚犯都处理完了，使两处的监狱中破天荒地出现了没有一名囚犯的情况，这表现当朝的圣上无比"圣明"，全国的百姓安居乐业。

宋仁宗皇帝听到这一喜讯，龙颜大悦，决定要大大地庆贺一番。于是，仁宗皇帝传下圣旨，在宫中摆下宴席，宴请文臣武将。这时的晏几道是个十几岁的孩子。他悄悄地跟着父亲晏殊进宫赴宴。仁宗皇帝也知道晏几道是位小才子，见了他十分喜欢，便命他写首词呈上来。

晏几道遵命，沉思片刻，挥笔狂书，写了一首《鹧鸪天》。

仁宗皇帝看完这首《鹧鸪天》词，对晏几道大加赞赏，为了表彰他年少才高，赏给他许多宝物。

晏几道一生创作了许多词，而他的得意之作，不是这首《鹧鸪天》，而是《临江仙》。因为《鹧鸪天》是逢场作戏，为皇帝歌功颂德之作，而《临江仙》却是他真实感情的流露，"去年春恨却来时。落花人独立，微雨燕双飞"，便是这首词中的名句。

晏几道为什么写《临江仙》这首词呢？他虽然年少才高，又出生在地位显赫的家庭，但他却一生不得志，无奈只得沉湎于酒色。这正如《临江仙》词中写的，他初见歌妓小蘋时，两人便一见倾心，为什么？因为他们同是"天涯沦落人"。然而，词人又不能永远得到小蘋的陪伴，只能"琵琶弦上说相思"，最后是"只愁歌舞散，化作彩云飞"。

两人相见后，在歌停舞止宴散时，小蘋只好踏着月色怏怏离去。

赏 析

"去年春恨却来时。落花人独立，微雨燕双飞。"描述去年春日离别给主人公带来的愁苦，现在又涌上心头。"落花"二句将前人诗句移入，浑然天成，写主

人公的春恨,渲染主人公的孤独,创造了一个优美而感伤的意境。落花、微雨、一派迷蒙,境极美;人独立、燕双飞,两相对照,情极苦。故清人谭献在《复堂词话》中赞叹:"名句千古,不能有二。"

青山遮不住,毕竟东流去

【名句】

qīng shān zhē bú zhù　bì jìng dōng liú qù
青　山　遮 不 住①,毕 竟　东　流 去②。

【出典】

辛弃疾《菩萨蛮·书江西造口壁》。

【注释】

①青山遮不住:青山遮不住人们望长安的视线。
②毕竟东流去:毕竟遮不住江水,势不可挡地向东流去。

【译文】

青山能遮住人们的望眼,但毕竟遮不住江水,它势不可挡地向东流去——抗金恢复志不移。

【原作】

郁孤台下清江水,中间多少行人泪。西北望长安,可怜无数山。　青山遮不住,毕竟东流去。江晚正愁予,山深闻鹧鸪。

【作者小传】(见第4页)

在赣州西北的一座山上,有一处名胜古迹叫郁孤台。它矗立在山崖的一角,

清澈的赣江水从台下流过。站在台上,举目眺望,雄伟壮丽的山水景致尽收眼底。

一天,暮色苍茫,一位神色庄重的将领伫立台上。他遥望群山,俯视江水,既为河山娇美而自豪,又为中原沦陷而悲哀。他真想一眼望到北方的故土,看看那里的山水草木,可是眼前的青山遮挡了他的视线。他低下头,眼眶里涌出热泪,心底里在呼喊:"故国啊,你在哪里?这日夜奔流的江水,溶入了多少南来遗民的辛酸泪啊!"这位感时伤怀的将领,就是南宋著名爱国诗人辛弃疾。他满怀热情,企盼北伐,收复失地,可是英雄无用武之地。他对偏安江南、沉湎享乐的朝廷极为愤恨,对遭受金人蹂躏的中原百姓寄以深切的同情。这时,他不禁又想起四十六年前,金兵侵入江西,隆祐太后怀抱小太子仓皇逃到赣州的情景。那时,尸横江淮,血染造口,太后死里逃生,总算为皇室保存了后代,而百姓被屠杀劫掠,惨不忍睹!四十六年过去了,至今没有北归啊……

想着想着,山林中传来阵阵鹧鸪的鸣叫声,那凄戾的声音像在说:"行不得也,哥哥!"北伐抗金"行不得"吗?收复中原不可为吗?不!将军冷峻的脸上显出刚毅的神色,他脱口吟了一首《菩萨蛮》词,"青山遮不住,毕竟东流去"就是这首词中的名句。

赏析

"青山遮不住,毕竟东流去。"这两句口气坚决,作者坚信全民族抗敌的意志是不可阻挡的,它像滚滚的赣江水一样,毕竟会冲破阻力而取得胜利的。它暗用杜甫《长江二首》中"众流归海意,万国奉君心"的诗意,象征了抗金复国的大宋臣民心向故都,忠君报国,锲而不舍的信念和力量。现在常用来说明历史的发展是不以人的意志为转移的,想阻挡历史前进是徒劳的。

青春都一饷。忍把浮名,换了浅斟低唱

【名句】

qīng chūn dōu yī xiǎng　rěn bǎ fú míng　huàn le qiǎn zhēn dī chàng
青　春　都　一　饷①。忍　把　浮　名②,换　了　浅　斟　低　唱。

【出典】

柳永《鹤冲天》。

【注释】

①一饷:一刹那工夫,极言时光短暂。
②浮名:虚名。

【译文】

宝贵的青春多么短暂。怎忍心把对虚名的追求,换取及时行乐的浅斟低唱。

【原作】

黄金榜上,偶失龙头望。明代暂遗贤,如何向?未遂风云便,争不恣狂荡?何须论得丧。才子词人,自是白衣卿相。　烟花巷陌,依约丹青屏障。幸有意中人,堪寻访。且恁偎红倚翠,风流事,平生畅。青春都一饷。忍把浮名,换了浅斟低唱。

【作者小传】(见第17页)

故事

早年,柳永在当时的京城汴京度过了一段纨绔子弟、风流才子的贵族子弟生活。他博学多才,特别善于填写歌词,于是歌楼酒舍是他常到之处,柳巷花街是他常来之地。柳永的父亲柳宜,在南唐时官至监察御史十分显赫,宋灭南唐后入宋为官,最后官做到工部侍郎。一生为官的父亲对柳永产生了很大的影响,所以柳永从小就希望自己能涉足官场,步入仕途,以便报效朝廷。谁料在初考进士时便名落孙山,灰心绝望之极,于是写了《鹤冲天》词,"青春都一饷。忍把浮名,换了浅斟低唱"便是这首词中的名句。

赏析

"青春都一饷。忍把浮名,换了浅斟低唱。"这几句写他怀才不遇的心情。科

场的失意使他悲愤填膺,不但对"浅斟低唱"的放荡生活不加收敛,还进一步把功名看成"浮名",这实在是在官途失意后的自我解脱,也表现一种玩世不恭的态度和对封建科举制度的大胆嘲弄。当时柳永风华正茂,没有经过什么风浪,当然更不懂得世事的风雨,考试落榜,一腔怨气无处发泄,于是写了《鹤冲天》词。可无巧不成书,这词偏让皇帝看到了。等到进士开榜时,宋仁宗看到柳永的名字,竟御笔一挥,把他的名字狠狠地勾去了,而且非常反感地对大臣们说:"此人风前月下,好去浅斟低唱,何要浮名,且去填词吧!"可见这首词在作者坎坷的道路上起了很大的副作用。

R

人成各，今非昨，病魂常似秋千索

【名句】

人 成 各①，今 非 昨②，病 魂 常 似 秋 千 索。

【出典】

唐琬《钗头凤》。

【注释】

①人成各：思念的人各自分开。
②今非昨：如今也不再是当年。

【译文】

昨天我俩还生活在一起，今天却是天各一方。思念心苦，使我常年染病。生病后，我的身体就像那飘荡的秋千。

【原作】

世情薄，人情恶，雨送黄昏花易落。晓风干，泪痕残。欲笺心事，独语斜阑。难，难，难！　人成各，今非昨，病魂常似秋千索。角声寒，夜阑珊。怕人寻问，咽泪装欢。瞒，瞒，瞒！

【作者小传】

唐琬,南宋越州山阴(今浙江绍兴)人,陆游舅父唐闳之女,陆游的前妻。自幼聪慧,人称才女。与陆游青梅竹马,情投意合。但由于陆母反对,被迫离婚。改嫁赵士程,抑郁而死。

故事

唐琬是古代常被人提起的美丽多情的才女之一。她是陆游舅舅唐闳的女儿,与陆游青梅竹马,志趣相投,两人都爱好诗词和文学。陆游20岁时与她喜结良缘,婚后生活十分美满。可是,陆游母亲对这个有才华的儿媳总是看不顺眼,硬是逼着陆游把相亲相爱的妻子休了。陆游对母亲的干预采取了敷衍态度:暗中把唐琬置于别馆,时时相会。不幸的是,陆母很快就发现了这个秘密,并采取了断然措施,终于把这对有情人拆散了。有情人未成终生眷属,唐琬后来改嫁给同郡的一个读书人赵士程,陆游则另娶了王氏。

十年之后,在一次春游之中,唐琬和丈夫恰巧与陆游相遇于沈园。征得赵同意后,唐琬派人给陆游送去了酒肴。陆游感念旧情,怅恨不已,写了著名《钗头凤》词以致意。唐琬读后,悲恨万分,回家后也写了一首《钗头凤》词,"人成各,今非昨,病魂常似秋千索",便是这首词中的名句。

赏析

"人成各,今非昨,病魂常似秋千索。"这几句艺术概括力极强。"人成各"是就空间角度而言的,"今非昨"是就时间角度而言的,其间包含着多重不幸。但不幸的事还在继续!"病魂常似秋千索"。梦魂夜驰,积劳成疾,终于成了"病魂"。这几句愁怨中带着极强的激愤沉痛之感,词情贯注奔泻,声调急促又荡气回肠,将言外的相思眷恋和内心的痛苦追悔深切地表达了出来。

人有悲欢离合,月有阴晴圆缺,此事古难全

【名句】

rén yǒu bēi huān lí hé yuè yǒu yīn qíng yuán quē cǐ shì gǔ nán quán
人 有 悲 欢 离 合,月 有 阴 晴 圆 缺,此 事 古 难 全①。

【出典】

苏轼《水调歌头》。

【注释】

①此事古难全:月圆时亲人也团聚这种事,自古以来就是难以周全的。

【译文】

人们有离别的痛苦、团聚的欢欣,月亮也会有阴伏晴出、团圆亏损,这些事古往今来难以都让人称心。

【原作】

明月几时有?把酒问青天。不知天上宫阙,今夕是何年。我欲乘风归去,又恐琼楼玉宇,高处不胜寒,起舞弄清影,何似在人间! 转朱阁,低绮户,照无眠。不应有恨,何事长向别时圆?人有悲欢离合,月有阴晴圆缺,此事古难全。但愿人长久,千里共婵娟。

【作者小传】(见第13页)

宋神宗熙宁九年(1076),苏轼在密州当太守两年了。中秋之夜,他约几个客人在超然台上饮酒赏月,席上听人说他将调官到别地,不免感叹自己的生活动荡不定,好像夜里常被惊起的鸟鹊不能安然入睡一样。

此刻，明月高挂在东山上，光华普照大地。在这家家户户团圆之夜，苏轼自然而然地想起了弟弟苏辙，跟他分别已有五年时间了，那时苏辙在济南当小官。两地都在现今山东省，相隔不远，但是"咫尺不相见，实与千里同"，自从王安石实行变法后，他和弟弟各自在异乡为异客，不能像过去那样亲密无间地话家常了。

在杯盘交错中，苏轼一面与客人应酬，一面昂头望着明月，思绪万千，不可抑止。他在幻想中不觉飞进了清凉美丽的月宫，感到人生的遭遇不能十全十美，正如月亮有阴晴圆缺那样……

这天夜里，苏轼与客人欢饮达旦，喝得酩酊大醉，于是创作了中秋词《水调歌头》，"人有悲欢离合，月有阴晴圆缺，此事古难全"就是这首词中的名句。

赏析

"人有悲欢离合，月有阴晴圆缺，此事古难全。"这几句写苏轼望月所触发的离思别绪：先是怨月伤别，接着从月的盈亏变化得到启示，从而以开朗的祝愿，驱散了抑郁的离情。这三句将人事翻覆、自然变化融为一体，重在前者，而又扣紧中秋赏月的主旨，并以宇宙意识观照人生，涵盖自然与人类的共同律动，意象愈空灵，意境愈澄澈，意蕴愈玄奥，意念愈明达，所谓"清空中有意趣"（张炎《词源》）。

人生自是有情痴，此恨不关风与月

【名句】

rén shēng zì shì yǒu qíng chī　cǐ hèn bù guān fēng yǔ yuè
人　生　自　是　有　情　痴①，此　恨　不　关　风　与　月②。

【出典】

欧阳修《玉楼春》。

【注释】

①有情痴：因感情丰富而作出俗人以为是发痴的行为。
②风月：这里指风晨月夜或风花雪月的意思。

【译文】

人生本是痴情种,这种感情,并不关风花雪月。

【原作】

樽前拟把归期说,欲语春容先惨咽。人生自是有情痴,此恨不关风与月。离歌且莫翻新阕,一曲能教肠寸结。直须看尽洛城花,始共春风容易别。

【作者小传】(见第115页)

故事

在一次送别宴会上,有位风尘女子与欧阳修相识十分偶然。欧阳修是在一位朋友的欢宴上认识的。那位朋友请来这位女子在宴席上唱曲。婉转的歌喉,迷人的姿容,特别是那一低首、一颦眉的娇羞,再加上不幸的身世,很快使欧阳修动心。

随后,欧阳修便与这位女子开始来往。公务之余,欧阳修经常约她在府中为他轻歌曼舞,也经常带她去赶朋友的宴会。几年的交往,使他们感情日深。此时,他们要离别了,欧阳修要动身到别处去,在送别的宴会上,欧阳修心里明白,这一次离开洛阳,不知道什么时候才能再回来,说不定这就是最后的分手了。欧阳修为了抒发对人生感情的看法,于是挥笔写了《玉楼春》词,"人生自是有情痴,此恨不关风与月"便是这首词中的名句。

赏析

"人生自是有情痴,此恨不关风与月。"这两句说明人生有悲欢离合,"有情痴"往往为此而忘情,作出一些看上去不合情理的"傻事",这正是人有丰富的感情所致,和自然界的风花雪月是没有关系的。花香鸟语,该是足使人赏心悦目的吧,但杜甫却有"感时花溅泪,恨别鸟惊心"(《春望》)。作者在这里朦胧地意识到,从本质上说,人的思想感情并不受外界景物的左右,人生的种种不如意以及社会的欠缺,才是感情痛苦的根源。王国维《人间词话》说:"永叔'人生自是有情痴,此恨不关风与月'、'直须看尽洛城花,始共春风容易别',于豪放之中,有沉著之致,所以尤高。"王国维所说的"沉著之致",也是指它的哲理性而言的。

水光山色与人亲,说不尽,无穷好

【名句】

shuǐ guāng shān sè yǔ rén qīn　shuō bú jìn　wú qióng hǎo
水　光　山　色与人亲①,说　不尽,无　穷　好②。

【出典】

李清照《怨王孙》。

【注释】

①与人亲:把游人依恋。
②无穷好:看不厌。

【译文】

水光山色交辉,却把游人依恋。美景难以言传,相看两不厌。

【原作】

湖上风来波浩渺,秋已暮、红稀香少。水光山色与人亲,说不尽,无穷好。莲子已成荷叶老,清露洗、蘋花汀草。眠沙鸥鹭不回头,似也恨,人归早。

【作者小传】(见第31页)

故事

李清照未婚前的晚秋季节，寒气渐逼，草木凋零，显得格外萧瑟冷落。近处湖面上碧波万顷，一望无际。清风过处，荡起层层涟漪。李清照再仔细瞧身边的湖面上已经是"红稀香少"，残留的点点荷花，还散发着淡淡的余香，就像从很远的地方飘来，沁人心脾。远处山峦起伏笼罩在黛青色的薄雾中，与近处湖面上的闪闪水光交相辉映，显得那样可爱迷人，亲切自然，似有许多说不尽的美妙令人回味无穷，难以忘怀。

此刻，李清照的心情感到无比的愉快。在高兴时，她又弯腰看到莲蓬结籽，荷叶凋零，水面上飘浮着的蘋花汀草，在露珠的滋润下，凝碧欲滴，别有一番清幽、娇美的情态。远处沙岸如带，几只水鸟悄然而卧，更显出此景此情的引人入胜和难以忘怀。她想到栖息在水边沙地的鸥鹭，似乎在怨恨着游人竟能忍心离开这美好的景致，因而赌气地头也不回，招呼也不打。

那天傍晚，李清照回到书房，豪情逸兴，把当天出游泛舟的情景写了一首《怨王孙》词，"水光山色与人亲，说不尽，无穷好"就是这首词中的名句。

赏析

"水光山色与人亲，说不尽，无穷好。"这几句写女词人注视着潋滟的湖、黛青的山色陶然欲醉了。词人爱这秋山秋水，却偏要说这秋山秋水爱的是她，以前李白这样说："相看两不厌，惟有敬亭山。"后来，辛弃疾也这样说："我见青山多妩媚，料青山见我应如是，情与貌，略相似。"(《贺新郎》)词人不说人亲山水，却说山水亲人，山水被赋予灵性和生命，拥抱着词人，荡涤着词人的灵魂，给词人以说不尽的温馨与慰藉。

水是眼波横,山是眉峰聚

【名句】

shuǐ shì yǎn bō héng　shān shì méi fēng jù
水 是 眼 波 横①,山 是 眉 峰 聚②。

【出典】

王观《卜算子》。

【注释】

①眼波:比喻美人的眼神。李白《长相思》:"昔时横波目,今作流泪泉。"
②眉峰:指耸起的眉毛。

【译文】

像姑娘的眼皮一样横流的,是江南的春水,像姑娘的眉峰一样耸起的,是江南的青山。

【原作】

水是眼波横,山是眉峰聚。欲问行人去那边?眉眼盈盈处。　才始送春归,又送君归去。若到江南赶上春,千万和春住。

【作者小传】

王观(生卒年不详),字通叟,海陵(今江苏泰州)人,为胡瑗门人。嘉祐二年(1057),任大理寺丞,知江都县。累官翰林学士。因词作《清平乐》有"黄金殿里,烛影双龙戏"、"折旋舞彻《伊州》,君恩与整搔头"等句,忤太后旨,被罢职,遂自号逐客,或称王逐客。往太学时,秦观父赞其"高才力学",故亦取子名为"观"。词集有《冠柳集》,不传。今有赵万里辑本。

故事

王观有一位好朋友,名叫鲍浩然,是浙东人氏。鲍浩然多年离家远游,此时思乡心切,在暮春三月的一天,前来向王观道别,说他要回到山明水秀的浙东家乡去,王观见老朋友要去,便特意为他送行,在江边摆酒设宴,为朋友鲍浩然饯行。

你道这是一次怎样的分手,他既不是被贬谪,也不是去远行,而是回故乡与亲人团聚,所以此行没有"生死离别"的感慨。

离别的时刻到了,开船在即,只见江上水波粼粼,远处的山峰如黛。王观看着鲍浩然,从游子归家,想到他妻子一定是日夜盼望着丈夫早日归去;眼前仿佛出现了鲍浩然妻子的"一双瞳人剪秋水",急切地"梳洗罢",一大早便"独倚望江楼",盼望着亲人的归帆。他忽然又想起《西京杂记》中,写西汉大文学家司马相如的妻子卓文君"眉色如望远山",以致使得"时人效画远山眉"。

于是,王观突然有了两句别有新意的词句:"水是眼波横,山是眉峰聚。"

有了这两句佳句,使王观欢喜不已。这两句既是眼前之景,又是心中之情,他自以为这是足以"千古传诵"的好句子。

送走了好朋友鲍浩然,王观心中一直不能忘的是他的意外收获,每每想到这两句"绝妙好词",他都欣喜若狂。

当天夜里,他被这两句词激动得无法入眠,便在书房中明烛高照,苦思冥想,最后,终于写出了一首《卜算子·送鲍浩然之浙东词》。"水是眼波横,山是眉峰聚"便是这首词中的名句。

赏析

"水是眼波横,山是眉峰聚",这两句写得很妙,把水波比为人的眼泪横流,把山峰比喻作人的愁眉紧攒。这两个别致新颖的比喻使景语成了情语,形成了一种朦胧的意境,人、景、情融为一体,语带双关,轻松活泼,比喻巧妙,耐人寻味,写得风趣幽默。据说,大词人辛弃疾读了这两句词极为赞赏,他在《满江红·赣州席上呈太守陈秀陵侍郎》一词中,也引用了"水是眼波横,山是眉峰聚"一联的含意,引申为君眼传情之意。

世路如今已惯,此心到处悠然

【名句】

shì lù rú jīn yǐ guàn　cǐ xīn dào chù yōu rán
世　路　如　今　已　惯①,此　心　到　处　悠　然②。

【出典】

张孝祥《西江月》。

【注释】

①世路:指世俗生活道路。即谓已熟悉的人情世故。
②悠然:闲适的样子。

【译文】

如今世路艰辛我早已习惯,而湖光山色则令人心境恬然。

【原作】

问讯湖边春色,重来又是三年。东风吹我过湖船,杨柳丝丝拂面。　世路如今已惯,此心到处悠然。寒光亭下水连天,飞起沙鸥一片。

【作者小传】(见第75页)

张孝祥是南宋朝廷官员中主战派的一员,他曾义正辞严地为民族英雄岳飞辩冤,积极支持张浚将军收复中原的主张,反对屈辱"议和",因此被两次降职贬官。他对现实不满,又感到无力回天,便产生了消极避世的想法。这一次,他又来到三塔湖。

星移斗转,他第二次来寻访三塔湖的春色。两次来的时间已相隔三年了。

旧地重游,别有一番感慨。这时候,习习的东风吹动着小船,送他漂过宁静的湖面;岸边杨柳的细叶,随风飘舞,轻柔地从他脸上拂过。这真是:东风尽解人意,杨柳也含深情。此情此景,如何不叫人心醉?

猛然,有什么触动了词人,使他蓦然想到了自己眼下的处境。唉,经历了这么一段生活,他对那炎凉的世态早已腻透了,也看穿了,想通了,对什么也就释然了,心境顿开,安闲自得,到大自然中去寻求解脱吧!的确,眼前的景色多么令人心旷神怡:在寒光亭上向外望去,只见万顷湖水有如一望无际的碧天,从湖中的沙洲上飞起一群沙鸥,竞翔着冲向高空去,汇入白云端。此刻,张孝祥为了抒发对世事尘俗的厌恶,和置身大自然的愉悦心情,情不自禁地挥笔写了《西江月》词,"世路如今已惯,此心到处悠然"就是这首词中的名句。

赏析

"世路如今已惯,此心到处悠然。"这两句直抒词人埋藏内心的深沉感慨。仕宦生涯,浮沉难测,这对于多次经历过人生道路的坎坷后的词人来说,早已习以为常,不足为怪了。此时的词人早已是心境淡泊,泰然处之了。这实际上是作者对黑暗现实的无声的谴责,这与陶渊明《归园田居》中的"久在樊笼里,复得返自然"的情怀是一脉相承的。

四面边声连角起。千嶂里,长烟落日孤城闭

【名句】

sì miàn biān shēng lián jiǎo qǐ　qiān zhàng lǐ　cháng yān luò rì gū
四　面　边　声　连　角　起①。千　嶂　里②,长　烟　落　日　孤
chéng bì
城　闭。

【出典】

范仲淹《渔家傲》。

【注释】

①角：军营中的号角。

②千嶂里：嶂，高大险峻像屏障一样的山峰。千嶂，层峦叠嶂，形容多。

【译文】

边地的悲凉之声和着军中的号角从四面八方响起，在群山环抱之中，一座孤城在大片的云气和落日的余晖中紧闭城门。

【原作】

塞下秋来风景异，衡阳雁去无留意。四面边声连角起。千嶂里，长烟落日孤城闭。　浊酒一杯家万里，燕然未勒归无计。羌管悠悠霜满地。人不寐，将军白发征夫泪！

【作者小传】

范仲淹(989~1052)，北宋政治家、文学家。字希文。苏州吴县(今属江苏苏州)人。真宗大中祥符八年(1015)中进士，曾任吏部员外郎，因忤吕夷简罢知饶州。针对北宋积弊，与富弼、欧阳修等推行"庆历新政"。因上十事疏为权贵不容，出为河东陕西宣抚使。皇祐四年卒于徐州，谥文正，追封楚国公，后追封魏国公。《四库全书总目》卷一五二称其"人品事业卓绝一时，本不借文章以传。其论著非虚饰词藻者所能比"。文多直陈时弊，抒写怀抱。代表作有《岳阳楼记》、《上执政书》、《上张右丞书》等。诗亦"高妙"，如《庐山瀑布》极具气势，《江上渔者》清新可诵。词亦擅长，初期词如《御街行》(纷纷坠叶飘香砌)、《苏幕遮》(碧云天)等伤离怀远，情柔语丽；后历经磨炼，词风一变而意境高旷，情调悲壮，《渔家傲》即为备受称颂之杰作。著有《范文正公集》传世。

宋康定元年(1040)，宋国的邻国西夏赵元昊称帝，大举发兵攻打大宋的延州(今陕西延安)，宋王朝开始与西夏交战。这一年的七月，范仲淹和他的好友韩琦，同时被朝廷任命为陕西经略安抚使，领兵来到西北前线。后来，范仲淹又以谏议大夫、枢密直学士的资格充当环庆路经略安抚招讨使，兵马都部署，与韩琦等分管陕甘军政大事。范仲淹这位在政治上极力图谋革新、在军事上被称

为"胸中有数万甲兵"仕兼将相,功业彪炳的朝廷重臣,使西夏不敢轻举妄动。

作为一军主帅,范仲淹深深了解边塞生活的艰苦与战士们矛盾复杂的思想感情,所以他笔下描绘的景象是那样的沉郁而苍凉,烘托出的都是戍边将士们立功报国的壮志。

有一天,劳累了一日的范仲淹暂时放下军机要事,缓步走出大帐。此时,繁重的军务使这位过花甲之年的老人愈显衰老:旷野的寒风在他脸上刻下了深深的印记,塞北的冰雪将他的须发浸成银白。军帐外已笼罩在暮色之中。一片宁静的气氛不禁令范仲淹一时忘却了西夏部队与宋军对峙、久不退兵的忧虑,沉浸在大自然的安宁之中。范仲淹一面四处巡视,一面回想两年多来征战边疆的日日夜夜,不知什么时候才是个头呀。想到这里,他不禁叹出声来。忽然,从远处传来轻悠的羌笛声。范仲淹不禁一振,抬头望,明月当空,几颗闪亮的星星镶嵌在辽阔的天幕中,一闪一闪;远处,守城官兵的身影凝立不动,刀枪映射出道道寒光。此刻,范仲淹心头热浪滚滚,为了抒发边疆将士报效国家的雄心壮志和诉说离家万里的忧思,他挥笔写了《渔家傲》词,"四面边声连角起。千嶂里,长烟落日孤城闭"就是这首词中的名句。

赏析

"四面边声连角起。千嶂里,长烟落日孤城闭。"句中的千嶂、孤城、长烟、落日、边声,一片充满肃杀之气的边塞寒秋风光,"孤城闭"三字,隐隐透露出军事态势的严峻,景象壮阔,格调悲凉,别是一番气象,不愧出于大家之手。

谁道人生无再少?门前流水尚能西

【名句】

shuí dào rén shēng wú zài shào　　mén qián liú shuǐ shàng néng xī
谁　道　人　生　无　再　少①?　门　前　流　水　尚　能　西②。

【出典】
苏轼《浣溪沙》。

【注释】

①少:年轻。这句说:谁说人老了不会再年轻起来呢？

②尚能西:还能够向西流。我国河水一般向东流,向西流说明也有不同情况,意即人生也可以"再少"。

【译文】

谁说人生只会变老,不能再次变得年轻？你看那门前清澈的溪水,东流还能转为西行。

【原作】

山下兰芽短浸溪,松间沙路净无泥,萧萧暮雨子规啼。　谁道人生无再少？门前流水尚能西,休将白发唱黄鸡。

【作者小传】(见第13页)

故事

北宋大文豪苏轼因"乌台诗案",贬官黄州四年。开始他生活很苦,经过别人帮助和自己努力,境况有所改善。

他对生活道路上的挫折,看得很平常,也很乐观,一切都听其自然。

一次,他到黄州东南的沙湖去,途中受了风寒,生了病。听人说,麻城人庞安常医术好,他就去求治。庞安常是个聋子,但绝顶聪明,看病时让苏轼用纸代口,没写上几个字,他已很快掌握了病情。苏轼开玩笑说:"我把手当做嘴巴(指写作),你把眼睛当做耳朵,我们都是一时异人哩！"

苏轼的病很快就好了,跟庞安常交上了朋友。两人相约,到蕲水(今湖北浠水)城外的清泉寺游览。那里有从前王羲之的洗笔泉,一池净水,非常甘美。

苏轼忽然发觉寺门前的一条兰溪,溪水不是按一般情况向东流,而是潺潺滚滚直向西边奔腾而去。他大为惊奇,脑海里迅速产生了这样的联想:谁说一个人年纪老了就不会重又年轻起来呢？寺门前的溪水还能够朝西流呀！那么,不要因为自己老了就消极悲观吧,老年人也可以和青年人一样,充分发挥自己的生命力！

140

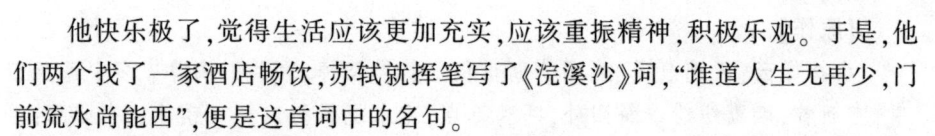

他快乐极了,觉得生活应该更加充实,应该重振精神,积极乐观。于是,他们两个找了一家酒店畅饮,苏轼就挥笔写了《浣溪沙》词,"谁道人生无再少,门前流水尚能西",便是这首词中的名句。

庞安常听了说:"先生这几句太妙了。白居易有'黄鸡催晓'之句,感叹人生易老,你却不服老,令我钦佩!"

赏析

"谁道人生无再少?门前流水尚能西"这两句,以反诘唤起,以借喻作答:你看门前的流水也能向西奔流。苏轼从溪水西流得到启发和鼓舞,运用"谁道"、"尚能"等词语,发出了人生可以"再少"的议论,表现了积极向上的乐观精神。名句中,苏轼把流水"能西",比喻人生也能"再少",说明人老了不要悲观、消极,应当继续发挥充沛的生命力,要精神不老,老当益壮,永葆青春。

山抹微云,天连衰草,画角声断谯门

【名句】

shān mǒ wēi yún tiān lián shuāi cǎo huà jiǎo shēng duàn qiáo mén
山 抹 微 云, 天 连 衰 草, 画 角① 声 断 谯 门②。

【出典】

秦观《满庭芳》。

【注释】

①画角:外施彩绘的军中号角。
②谯门:城楼门。

【译文】

远山萦绕着薄薄的白云,枯草连天一望无垠,城楼号角刚刚响过。

【原作】

山抹微云,天连衰草,画角声断谯门。暂停征棹,聊共引离尊。多少蓬莱旧事,空回首,烟霭纷纷。斜阳外,寒鸦万点,流水绕孤村。　　销魂。当此际,香囊暗解,罗带轻分。谩赢得青楼、薄幸名存。此去何时见也,襟袖上,空惹啼痕。伤情处,高城望断,灯火已黄昏。

【作者小传】(见第58页)

秦观有一首写离别之情的《满庭芳》词,开头两句是这样的:

"山抹微云,天连衰草……"

这是描绘秋天的景色。作者用"抹"字形容那轻轻飘浮在山上的一层薄云,好像是流质似的,可以抹山上;用"连"字形容那秋天的衰草之多,接连不断。这两句写得精炼自然,极其传神,非常为人们赞赏,当时到处传唱这首词。

秦观的女婿范温,是史学家范祖禹的小儿子。有一次,他参加某贵人家里的宴会,贵人有个侍儿喜爱秦观的词,在宴会上唱了好多首,当然也包括了"山抹微云"这一首。

开始,她根本没有注意范温,而范温在席上比较拘束,一言不发。后来大家酒喝多了,杯盘交错,笑语喧哗,这时,她问道:"这位郎君是谁?"范温答道:"我就是那'山抹微云'的女婿呀!"满座的人听了,不禁大笑起来。

由于这首词开头两句被人们普遍喜爱和重视,连苏轼也开玩笑地给秦观起了个别号,称他为"山抹微云君"或"山抹微云秦学士"。

后来,秦观在京城遇到苏轼,一见面,便与秦观谈词。苏轼知道秦观是个人才,便对他格外严格。苏轼让小妾王朝云给这位"山抹微云君"泡上一碗茶,然后手捋长髯,不无敬佩地对秦观说:

"现在京城里到处都在传唱你的'山抹微云'呢。"

秦观听后谦虚地笑了笑。接着苏轼口气一转说道:

"没想到我们分手后,你写词竟模仿柳永,而且还让人看不出痕迹来。"

秦观一听马上分辩说:"秦某虽无才,也不至此吧!"

苏轼是何等人,对于文学作品有着超常的鉴赏力,于是一针见血地对秦观说:"你词中的'销魂,当此际'难道不是学柳永的句法吗?"

苏轼批评秦观无形中受柳永词的影响太深。秦观听了苏轼这番话,真是又钦佩,又惭愧,只是连连点头称是。

赏析

"山抹微云,天连衰草,画角声断谯门。"这几句用绘画般的笔法点染凄凉的秋景。"山抹微云",非写其高,概写其远。它与"天连衰草",互衬出极目天涯的意境,"画角",点明具体时间。其中,"山抹微云"的"抹"字和"天连衰草"的"连"字,用得非常奇妙。由于词人别出新意用了这两个字,使深秋景色如同画卷一样鲜明。苏轼就非常欣赏这两句,曾戏称:"山抹微云秦学士,露花倒影柳屯田。""露花倒影"是柳永《破阵子》中的第一句。而秦观的词在不知不觉中受到柳永词的影响。

十年生死两茫茫。不思量,自难忘。千里孤坟,无处话凄凉

【名句】

十年生死两茫茫①。不思量②,自难忘。千里孤坟③,无处话凄凉。

【出典】

苏轼《江城子·乙卯正月二十日夜记梦》。

【注释】

①十年:指作者之妻王弗逝世已十年。王弗卒于宋英宗治平二年(1065)五月,从治平二年到熙宁八年,正好相隔十年。茫茫:形容全无所知。
②思量:想念。
③这句说,王弗的坟墓远在千里之外。据作者《亡妻王氏墓志铭》,王弗死

后,"葬于眉(眉州,治所在今四川眉山)之东北彭山县安镇乡可龙里"。作者此时在密州(治所在今山东诸城),两地相距很远。

【译文】

十年生死两处茫茫,不去想也难以把她遗忘。她的孤坟在那遥远的地方,到何处去诉说我心中的凄凉?

【原作】

十年生死两茫茫。不思量,自难忘。千里孤坟,无处话凄凉。纵使相逢应不识,尘满面,鬓如霜。　夜来幽梦忽还乡,小轩窗,正梳妆。相顾无言,唯有泪千行。料得年年肠断处,明月夜,短松岗。

【作者小传】(见第13页)

苏轼在宋神宗熙宁年间,因与新法不合,出任杭州、密州等地方官。这时,他的妻子王弗死去已经十年。十年中,苏轼的官职经常调动。政治上、生活上都经历很多风霜,人衰老了。

这年正月二十日夜,他在梦中忽然与亡故的妻子相见。想到这十年来,活着的自己和死去的妻子隔绝在两个世界里,谁都不知道谁怎么样了。即使不想念妻子王弗,苏轼也总是忘不了她。她那孤零零的坟墓远在千里之外,叫苏轼到哪里去诉说自己的悲伤和凄凉呢?现在即使相逢,面对她该再也不认识自己了。因为苏轼在这十年中饱受艰辛,生活坎坷,满脸都是尘土,两鬓的毛发像霜一样白了。

在梦中苏轼自己忽然回到了家乡,看到妻子王弗坐在窗前,正在梳妆打扮。他们俩相对看着激动得竟说不出一句话,只有无数道眼泪不停地往下淌。苏轼猜想妻子王弗,现在在明月夜的坟地里,必定是年年伤心断肠的。当苏轼醒来后觉得悲伤难忍,于是写了《江城子·乙卯正月二十日夜记梦》词,"十年生死两茫茫。不思量,自难忘。千里孤坟,无处话凄凉。"便是这首词中的名句。

赏析

"十年生死两茫茫。不思量,自难忘。千里孤坟,无处话凄凉。"这几句写出了苏轼对亡妻十年萦心的思念,把悼亡之情推向顶点,成为被后人称道的悼亡名句。苏轼与爱妻生离死别十年之久,思念殷切,不由自主,真是"此情无计可消除,才下眉头,却上心头"。苏轼之所以这样想念亡妻,不仅由于过去恩爱之深,也因个人遭遇的坎坷、政治上的失意,唯有最了解自己的妻子才足与倾诉。对亡妻的悼念与对自身遭遇的感叹融汇在一起,痛切之中加了愤慨。

沙上并禽池上暝,云破月来花弄影

【名句】

shā shàng bìng qín chí shàng míng　yún pò yuè lái huā nòng yǐng
沙上并禽①池上暝②,云破月来花弄影。

【出典】
张先《天仙子》。

【注释】
①并禽:成双成对的鸟儿。多指鸳鸯。
②暝:指日落天黑时或天色昏暗。

【译文】
岸边沙地上鸳鸯相依相偎,夜色昏暗笼罩着一池春水。月光破云而出映照着花儿婆娑的身影。

【原作】
水调数声持酒听,午醉醒来愁未醒。送春春去几时回?临晚镜,伤流景,往事后期空记省。　沙上并禽池上暝,云破月来花弄影。重重帘幕密遮灯,风

不定，人初静，明日落红应满径。

【作者小传】

张先(990~1078)，北宋词人。字子野，乌程(今浙江湖州)人。宋仁宗天圣八年(1030)中进士，官至都官郎中。晚年优游于湖、杭之间。所作长于乐府，因为词中喜用"影"字，人称"张三影"。与柳永齐名，但才力不如柳永，而工巧、含蓄则过之。代表作如《天仙子》(水调数声持酒听)、《归朝欢》(声转辘轳闻露井)、《剪牡丹》(绿野连空天青垂)、《一丛花令》(伤春怀远几时穷)等。诗歌亦负盛名，诗笔清丽老妙，如《吴江》、《如西溪无相院》等。著有《安陆集》一卷、《张子野词》二卷传世。

一次，有个客人对张先说："人家都说您可称为'张三中'了。"

张先问："怎么叫'张三中'呢？"

客人说："您的词中不是有'心中事'、'眼中泪'、'意中人'的句子吗？"

张先说："假如是这样，那么何不称我为'张三影'？"客人一时闹不清楚这是指什么，张先便说："我平生认为得意的句子，是在三处地方善用'影'字。那就是：

云破月来花弄影。
娇柔懒起，帘压卷花影。
柳径无人，堕絮飞无影。

您看，有了这三句，可不可称为'张三影'呢？"客人忙答道："对，'张三影'名不虚传！"

以后，"张三影"这个外号就传开来了，得到了公认。不过，这三句中最好的还是第一句。所以，当时著名的文学家欧阳修和张先见面时，迎着他便说："好！云破月来花弄影。"而另一文学家宋祁，更称他为"云破月来花弄影郎中(张先的官职)"。

"云破月来花弄影"是张先《天仙子》词中的名句。

赏析

"沙上并禽池上暝,云破月来花弄影。"这两句写得很好,特别是"云破月来花弄影",是传诵千古的名句,下字精美,意境高妙。它之所以为人广泛传诵,原因有三:一是拟人手法的运用增强了亲切感;二是观察捕捉到了物象的动态,并将几个物象的动态巧妙地融入画面,构成了意境;三是因为景非孤立之景,它写出了夜的寂静,烘托了主人公孤寂的心情。所以沈际飞说:"心与景会,落笔即是,着意即非,故当脍炙。"(《草堂诗余正集》)

天可老,海能翻,消除此恨难

【名句】

tiān kě lǎo　hǎi néng fān xiāo chú cǐ hèn nán
天　可　老①,海　能　翻,消　除　此　恨　难②。

【出典】

向子諲《阮郎归》。

【注释】

①天可老:唐代李贺《金铜仙人辞汉歌》有"天若有情天亦老"之句。天不会老,"天可老"是即使天能老之意。
②此恨:靖康国耻。

【译文】

纵然天老海能翻,消除靖康国耻很艰难。

【原作】

江南江北雪漫漫,遥知易水寒。同去深处望三关,断肠山又山。　天可老,海能翻,消除此恨难。频闻遣使问平安,几时鸾辂还。

【作者小传】

向子諲(1085~1152),字伯恭,号芗林居士。临江(今江西樟树)人。任过淮南

148

转运判官、京畿转运副使、荆湖东路安抚司、广州、江州、江东转运使,两浙路都转运使、户部侍郎,以徽猷阁直学士知平江府。因宋金议和时拒不拜金诏,忤秦桧而致仕。居清江五柳坊,号所居曰芗林。有《芗林集》已佚。又有《酒边词》。

故事

宋高宗绍兴五年(1135)冬天,向子諲被罢官在鄱阳的回家途中,遇到了大雪。这时刻,大江南北,风雪迷漫,群山峻岭笼罩在皑皑白雪之中,使向子諲怀想起被金人俘虏,至今仍留在北方的两位皇帝,料想那里更寒。而当时的朝廷不思救君复地。他想着想着,想到战国七雄争霸时,燕国太子丹为了阻止秦军进攻燕国,就劝说壮士荆轲去刺杀秦王。荆轲慷慨答应,就带着秦叛将樊于期的头及假意献给秦国土地的地图出发了。太子丹身穿孝服,到易水边送别荆轲。荆轲慷慨悲歌:"风萧萧兮易水寒,壮士一去兮不复还!"在场的人无不泪流满面。秦王听说燕国派使臣献地非常高兴,就接见荆轲。荆轲趁秦王展开地图之际,猛地抽出藏在地图中的短刀直刺秦王。虽然没有成功,但却为后世留下了千古流传的舍身赴难、慷慨捐躯的悲壮故事。而如今朝廷畏敌求和,即使苍天可老,海水可翻,要消除靖康之耻也难上加难。于是,向子諲抚今追昔,感慨万千,为了表达自己对时事的思虑,因此挥笔写了《阮郎归》,"天可老,海能翻,消除此恨难"就是这首词中的名句。

赏析

"天可老,海能翻,消除此恨难。"这几句是词人面对当时的政治形势,发出的痛心疾首的绝望呼喊。天是不会老的,大海也不能翻,但即使能如此,洗雪耻辱也不可能。这是何等的绝望!这绝望是对南宋苟安政权的无情鞭答。此外,这几句巧妙地暗示了当时朝廷的真正居心:只打算偏安于江南一隅,而绝无挥师北上、收复失地的作为。所以,消除此恨实在艰难啊!

天上流霞凝碧袖,起舞与君为寿

【名句】

tiān shàng liú xiá níng bì xiù　qǐ wǔ yǔ jūn wéi shòu
天　上　流　霞　凝　碧　袖①,起 舞 与 君②为　寿。

【出典】

毛滂《清平乐》。

【注释】

①流霞:流动的彩霞,喻指红色桃杏花。碧袖:女子的绿袖,喻指绿色桃杏叶。

②君:指毛滂的两位好朋友贾耘老和盛德常。

【译文】

杏眼波溜,桃腮红透,似天仙彩霞舞翠袖,为您二位嘉宾祝寿、祝寿。

【原作】

杏花时候,庭下双梅瘦。天上流霞凝碧袖,起舞与君为寿。　两桥风月同来,东堂且没尘埃。烟艇何时重理,更凭风月相催。

【作者小传】(见第30页)

毛滂在武康当县令时,地方比较安定。武康的环境非常优美。毛滂在空闲的时间,常常去游山玩水,吟诗诵词,陶醉其中。

有一年春天,他的两个好朋友贾耘老和盛德常从乌程赶来看望他。毛滂非常高兴,一连陪着他们游玩了几天。每遇美景或有所感受,他们便互相唱和,切

磋词艺。

一天,贾、盛二友就要告辞了,毛滂为他们设酒饯行。在县府的东堂里,三人尽情畅饮。毛滂再三挽留,请他们再住几天。他们却说:"以后我们还会再来看你。"毛滂却说:"但愿你们能尽早来此,不然,说不定我又要调离到别处去了。"

在离别之际,毛滂看到现在正是杏花盛开的时候,庭院里的两株梅花早已凋谢。但那粉红雪白的桃杏花,却犹如天上的彩云,缀在绿意盎然的枝头上,春风吹来,恰似舞女扬起的绿色长袖,正在翩翩起舞。他看着看着,心里十分激动,于是挥笔写了一首《清平乐》词,"天上流霞凝碧袖,起舞与君为寿",便是这首词中的名句。

赏 析

"天上流霞凝碧袖,起舞与君为寿。"这两句作者把宴席上的坐花醉月、桃杏间的斗艳争妍,化为仙境。花红似流霞,叶绿如凝碧,花枝摇曳,绿叶舒徐,仿佛仙女彩云飘风,翠袖起舞。极写春宴的幽赏清吟,主人的深情款待。这里,作者以自然界的春花为喻,抒写友情与诗怀,就用苏轼的话"闲暇自得,清美可口"(据《西湖游览志》载)来赞美这两句吧。

天涯也有江南信,梅破知春近

【名句】

天涯也有江南信①,梅破知春近②。

【出典】

黄庭坚《虞美人》。

【注释】

①江南信:江南春天的气息。
②梅破:梅花含苞待放。

【译文】

虽远在天涯,却仿佛嗅到了江南春天的气息,因为那初绽的梅花,报道了春天的临近。

【原作】

天涯也有江南信,梅破知春近。夜阑风细得香迟,不道晓来开遍向南枝。玉台弄粉花应妒,飘到眉心住。平生个里愿杯深,去国十年老尽少年心。

【作者小传】(见第26页)

故事

宋徽宗崇宁二年(1103),黄庭坚因得罪权贵,以"莫须有"的罪名,再次被贬,押送到宜州,受人监视管制,开始完全没有人身自由的"囚人"生活。

在这种悲伤苦难的生活中,有一天夜里,微风伴来阵阵清香。循味看去,原来已是东风吹拂,隆冬将逝,梅花报春了。随着梅香飘拂,那艳杏烧林、万紫千红的春天马上就要再临人间了。

闻着梅的清香,观察梅的英姿,黄庭坚心中为梅的高洁情操所陶醉着。人们赞赏梅花那种疏影横斜的风韵,清雅宜人的幽香,但此时此刻对遭受不幸的黄庭坚来说却引不起这方面的兴趣。黄庭坚此时想到的是,梅花愈老干古枝,愈显得苍劲挺秀,生意盎然,老梅浓而不艳,冷而不淡,迎霜破雪,独步早春的精神。

在梅前仰头赏花,黄庭坚百感交集,便填出一首《虞美人》词,"天涯也有江南信,梅破知春近"便是这首词中的名句。

赏析

"天涯也有江南信,梅破知春近。"这两句是有名的咏梅之作。这时候,黄庭坚因写过《承天院塔记》而遭人诬陷,被贬到宜州(今广西宜山)。宜州地近海南,去京城数千里,说是"天涯"并非夸张。在贬所居然能看到江南常见的梅花,令黄庭坚既诧异,又喜出望外。因为梅花的绽开,预示着春天的到来,从而使他

精神为之一振。在这名句中梅花,把天涯与江南作了一个形象的比喻,从而表现出作者对政治迫害的不满。

汤武偶相逢,风虎云龙。兴王只在笑谈中

【名句】

汤武偶相逢①,风虎云龙②。兴王只在笑谈中。

【出典】

王安石《浪淘沙令》。

【注释】

①汤武偶相逢:伊尹和姜太公遇到了商汤和周武王。
②风虎云龙:青龙腾起而云气生,猛虎呼啸而劲风起。

【译文】

伊尹和姜太公遇到了商汤和周武王,就能发挥他们的作用,在谈笑之间能建立起伟大的功绩。

【原作】

伊吕两衰翁,历遍穷通。一为钓叟一耕佣。若使当年身不遇,老了英雄。
汤武偶相逢,风虎云龙。兴王只在笑谈中。直至如今千载后,谁与争功!

【作者小传】(见第67页)

王安石是一位伟大的政治家,宋神宗时任宰相实行变法,终生都在致力于

推行新法，而且有时也能得到宋神宗的支持，所以他想到了伊尹和姜太公两个人。伊尹是商朝开国君主汤的辅佐，姜太公是周朝开国君主周文王和周武王的辅佐。他俩分别帮助商汤和周武王建立了商朝和周朝，功勋卓著。可是，他们两个人的出身都很低贱，伊尹是奴隶，姜太公是渔翁。在没有遇到商汤和周武王的时候，他俩像所有的普通人一样，没有引人注目的地方，只是默默无闻地干着自己的事情。可是，一旦发挥了他们的才能，就会在谈笑之间建立起伟大的功绩，被世代传颂，如此说来机遇是多么重要啊！此刻，王安石又想到了自己，本想在变法中干出一番伟大的事业，可是，在保守派的反对下，他推行的新法最终还是失败了。因此，他感触到一方面人只要有能力、有才干，就一定能作出很大的成绩来；另一方面又感到机遇的重要性。因为如果没有发挥自己才能的机遇，即使有最大的才能，也只能无所作为。想到这些，他词兴大发，挥笔写了《浪淘沙令》词，"汤武偶相逢，风虎云龙。兴王只在笑谈中"便是这首词中的名句。

赏析

"汤武偶相逢，风虎云龙。兴王只在笑谈中。"这几句点明了君臣相遇的偶然性，可是一旦相遇就会产生"风虎云龙"的局面。而伊尹、姜太公也就有机会在谈笑之中轻而易举地完成霸业。这就是说，伊尹和姜太公不仅要有机遇，还要有才华，才能功盖千秋。所以作者说"兴王只在笑谈中"，背后的潜台词就是"大丈夫当如是也"。

问君能有几多愁？恰似一江春水向东流

【名句】

wèn jūn néng yǒu jǐ duō chóu　qià shì yì jiāng chūn shuǐ xiàng dōng liú
问 君 能 有 几 多 愁①？恰 似 一 江 春 水 向 东 流②。

【出典】

李煜《虞美人》。

【注释】

①问君：你问我。几多：多少。
②恰似：好像、正如。

【译文】

你问我究竟有多少哀愁。那哀愁正如春天的江水，滔滔不绝，向东奔流。

【原作】

春花秋月何时了，往事知多少？小楼昨夜又东风，故国不堪回首月明中。雕栏玉砌应犹在，只是朱颜改。问君能有几多愁？恰似一江春水向东流。

【作者小传】(见第1页)

故事

　　李煜是南唐后主,宋兵攻破金陵,李煜投降宋朝,过了两年多如同囚犯的屈辱生活。有一天,宋太宗赵炅把李煜的旧臣徐铉召来,问他近来是否见到过李煜。徐铉答道:"没有圣上的命令,小人岂敢私自相见?"宋太宗虚情假意地说:"你们君臣一场,应该经常去探望探望才对啊!"

　　第二天,徐铉专程来到李煜的住处。他走进屋内,只见后主身穿道袍,面容憔悴,两眼流露出哀伤悲愁的样子。徐铉上前叩拜,说:"臣此次前来,只为请安叙旧。"李煜见到昔日爱卿,愁容上添了几分喜气,让徐铉入座后,他长长地叹了一口气,无限感慨地说:"我真恨自己啊!当初只知享乐,误了国事;后来又错杀了忠良,给国家带来灾祸啊!"徐铉听了这话,颇为紧张,怕他再扯国家兴亡之事,忙用话岔开:"恩主近来有什么新作吗?"李煜说:"唉,春去秋来,秋去春至,我是度日如年啊!我夜夜梦见故国,那里的一山一水,一草一木,都牵动着我的心啊!"说着,声音有些哽咽。稍等了一会儿,他拿出一张素笺,说:"近来我靠填词度日,新近写了一首《虞美人》。""问君能有几多愁?恰似一江春水向东流",就是这首词中的名句。

　　李煜念完了这首《虞美人》词,徐铉听后也长叹了几声。

　　不久,这首词传到宋太宗那里。宋太宗愤恨地说:"看来李煜的亡国之心不死啊!"于是,就赐他"牵机药"。李煜服后,毒性发作,痉挛而死。

赏析

　　"问君能有几多愁?恰似一江春水向东流。"这两句采用问答,以问起,以答结,由问人到问自己,在自怨自艾的叹息中,表现了起伏难平的忧思。这两句是千古传诵的名句,它以水喻愁,新颖别致,显示出愁思既如春水的江洋恣肆,奔放倾泻,又如春水的不舍昼夜、滔滔不绝、无穷无尽,淋漓尽致地表现出感情在升腾流动中的深度和力度,具有感人肺腑、撼人心魄的艺术魅力。

无可奈何花落去,似曾相识燕归来

【名句】

wú kě nài hé huā luò qù　sì céng xiāng shí yàn guī lái
无可奈何花落去①,似曾相识燕归来②。

【出典】

晏殊《浣溪沙》。

【注释】

①无可奈何:无法挽留,没有办法。
②似曾相识:似乎曾经相识。

【译文】

花儿谢了,想让它不谢只是枉然;燕子来了,好像还是去年的飞燕。

【原作】

一曲新词酒一杯,去年天气旧亭台。夕阳西下几时回？　无可奈何花落去,似曾相识燕归来。小园香径独徘徊。

【作者小传】(见第21页)

　　晏殊13岁时,被作为神童推荐给皇帝。
　　宋真宗命他与进士一起参加宫廷考试,晏殊操笔立成。真宗大喜,赐他同进士出身。
　　这样,晏殊便很早就踏上了做官的道路。他在政治上一帆风顺,仁宗时,官已做到宰相。晏殊乐意起用贤士,像范仲淹、韩琦、欧阳修等杰出人物,都出自

他的门下。

晏殊写的词,在当时颇受重视。他的那首《浣溪沙》,尤其受人称颂。"无可奈何花落去,似曾相识燕归来",就是这首词中的名句。

这首词之所以著名,主要是"无可奈何花落去,似曾相识燕归来"这两句名句。尤其是"无可奈何"对"似曾相识",以虚语显出属对的清新自然、谐婉流美,更是难得。

后来,晏殊又把"花落去燕归来"两句用在他的七言律诗《示张寺丞王校勘》中,可见他自己对这名句也是颇为得意。关于这名句,还有个与王校勘直接有关的故事呢。

有一次,晏殊畅游扬州大明寺,见寺壁诗板上题得密密麻麻,就命随行侍吏(古代官员手下任文书工作的侍从)把这些诗词念给他听,并关照不许讲作者是谁。晏殊自己反剪双手,微微闭目,缓缓而行。

侍吏将诗板上的作品依次而诵,可是往往一首诗才念上几句,晏殊就摆摆手,示意不必念下去,另换一首。

终于有一首五言律诗把晏殊吸引了。等到侍吏把最后两句"凄凉不可问,落日下芜城"念完,晏殊就问作者是谁,侍吏答道:"是江淮县小吏王琪所作。"

晏殊听说如此,就命人把王琪召来,并请他一起用餐。王琪,字君玉,童年时就会做诗。席间,晏殊与他谈诗论词,十分融洽。

饭后,两人一起到池边散步。时值暮春,已有落花。晏殊说:"我每得佳句,就写在墙壁上,然而有时整年对不上贴切的句子。比如'无可奈何花落去'一句,至今未能对上。"

晏殊刚说完,王琪就接口道:"似曾相识燕归来。"晏殊听了,大喜,于是就把他留在身边,后又推荐他担任了馆阁校勘等职。晏殊这首七律所示赠的王校勘,就是指王琪。

这个故事说明:晏殊作词,讲究遣词造句,常为一字一句的得失煞费苦心,他的"花落去"、"燕归来"两句在宋时已备受重视和赞赏。

赏 析

"无可奈何花落去,似曾相识燕归来",这两句工巧而浑成,流利而含蓄,可以说唱叹传神,表现出词人的巧思深情,也是这首词十分出名的原因。现在常用"无可奈何花落去",来感叹美好的事物或感情一去不复返,也暗含了规律无法更改的意思。

未是秋光奇艳,看十五十六

【名句】

wèi shì qiū guāng qí yàn　kàn shí wǔ shí liù
未 是 秋　光　奇 艳①,看 十 五 十 六②。

【出典】

杨万里《好事近》。

【注释】

①奇艳:最美妙、最美好。
②十五:阴历月半,月亮是满月。

【译文】

可这还不是最美的月色,最美的月色,要到十五、十六日才能领略获得。

【原作】

月未到诚斋,先到万花川谷。不是诚斋无月,隔一庭修竹。　如今才是十三夜,月色已如玉。未是秋光奇艳,看十五十六。

【作者小传】

杨万里(1127~1206),南宋诗人。字廷秀,号诚斋,谥文节。吉州吉水(今属江西)人。高宗绍兴二十四年(1154)进士,授赣州司户参军。历任国子博士、太常博士、太常丞兼吏部右侍郎、广东提点刑狱、吏部员外郎等。其诗歌成就尤著,与陆游、范成大、尤袤号称"中兴四大诗人"。初学江西诗派,后学陈师道之五律、王安石之七绝,又学晚唐诗。自后其刻意独创,终于自辟蹊径,别出机杼,形成独具特色的"诚斋体"。其作诗讲究"活法"、"透脱",从大自然觅诗,善于摄取自然景物的特征和变态,写得新奇风趣,语言亦自然活泼、生动善巧。曾作诗2万余首,今存4200多首,代表作有《插秧歌》、《竹枝词》、《小池》、《初入淮河四绝句》等。其诗文理论,主要见于《诚斋诗话》和所作有关序文。其词作亦清新自

然,一如其诗。赋作有《清溪赋》、《海鳅赋》等。著有《诚斋易传》、《诚斋集》传世。

故事

南宋时,朝廷偏安一隅,没有北上收复失土的决心。杨万里作为一个有民族气节的官员,坚决主张抗金。

有一年早秋,在一个宁静的夜晚,杨万里在书房里读书。天上清明澄净,月亮升起在天空,那玉兔冰轮,勾起了他无限的遐思,牵动了他的脚步。他信步走出书斋,追踪那清秋明月,缓步走向万花川谷。这时词人的眼前银辉在流动,一股隐隐的冷香在空气中飘逸,和着静谧的秋夜,给人一种似睡非睡的朦胧感觉。词人感到奇怪的是,为什么同一轮明月,如此皎洁的清辉不能光顾到自己的书斋,而将它毫不吝惜地洒遍了万花川谷?难道月光也有偏爱?词人想了想,不禁释然了:不是月亮不肯光顾,而是一院娉婷修长的翠竹密密地挡住了月光,使它不能透入室内的缘故啊!

这时候,词人站在万花丛中,举目望去,只见天上人间,遍林清辉,实在太美了!他不禁深深地陶醉了!是啊,今晚是阴历十三,还不是赏月最好的日子,那月光已如此这般了。谁能想到这如玉般的月色,还不是初秋最奇最美的呢,要想观赏到最为奇美的月色,要等到十五、十六才行啊!

于是,词人杨万里在那年阴历七月十三日夜里,登万花川谷望月时写了《好事近》词,"未是秋光奇艳,看十五十六"便是这首词中的名句。

赏析

"未是秋光奇艳,看十五十六。"这两句写月色之美好。词人来到万花川谷,登高遥望,碧空如洗,明月高悬,朗朗清辉,遍洒人间,令作者眼前顿觉一片纯明如玉,遂由心底赞叹这迷人的月色。而今天才是十三夜晚,虽美月如玉,终非赏月最佳之时,而秋光奇艳,还要等到十五十六晚上。这两句使刚刚满足之心,又产生新的追求,推出新的意境,给人以无限的遐想,并深深地沉醉其中。

160

X

寻寻觅觅,冷冷清清,凄凄惨惨戚戚

【名句】

寻寻觅觅①,冷冷清清②,凄凄惨惨戚戚③。

【出典】

李清照《声声慢》。

【注释】

①寻寻觅觅:若有所失似有所寻。
②冷冷清清:凄凉的样子。
③戚戚:忧愁的样子。

【译文】

我茫然若失啊到处寻寻觅觅,可是却到处是冷冷清清,我不由凄凄惨惨忧伤难抑。

【原作】

寻寻觅觅,冷冷清清,凄凄惨惨戚戚。乍暖还寒时候,最难将息。三杯两盏淡酒,怎敌他、晚来风急!雁过也,正伤心,却是旧时相识。 满地黄花堆积,憔悴损,如今有谁堪摘?守着窗儿,独自怎生得黑!梧桐更兼细雨,到黄昏,点点滴滴。这次第,怎一个愁字了得!

【作者小传】(见第31页)

随着金兵的入侵,宋王朝处在风雨飘摇之中。社会的不安定,也给李清照的生活带来了极大的不幸。

靖康之变,使沉醉于幸福家庭、畅游于学术研究和文学海洋的李清照,被迫走出书斋,踏上流亡之路。此时,恰逢赵明诚先行建康(今江苏南京),为母亲奔丧。李清照只身一人,带着十五车金石书库追随丈夫南下。这些文物都是李清照和赵明诚在几十年中搜集、珍藏的佳品,那上面凝结着二人的心血,记录着他们的幸福旅程。李清照从老家山东出发,把它们从十几屋收藏中精心挑选出来,视如生命。可是,行至江苏镇江,一股强盗把大部分的物品劫去了。看着强盗推走一车车文物,看着劫后的残局,李清照好不心痛,但自己却无能为力,只能眼睁睁地看着。

经过几次周折,李清照才到达建康,与赵明诚相见。谁曾想,这一见也只是短暂的重逢,不久,赵明诚突然患了急症,生命垂危。床榻边,李清照日夜守护在那里。赵明诚日渐衰竭,李清照暗暗祈祷:"保佑德甫(即赵明诚),我愿意以自己的生命来作抵偿。"然而,命运偏偏如此不公平,把最后一位亲人也从她身边夺走了。李清照悲痛欲绝,大病一场。

晚风渐起,卷起满地落叶在空中飞舞。年近半百的李清照在杭州定居下来。这时候,李清照的生活孤单寂寞,又无儿女,过早地失去了丈夫。现在,她只有靠三两杯冷酒,一遍遍地回忆来排遣寂寞的时光。

记得有一次,赵明诚从一位隐士手中得到白居易手书的《楞严经》,便急匆匆骑马而归,与自己相对展玩。他当时那狂喜不支的样子……想到这里,李清照禁不住露出笑意。

天色越发暗了,窗外传来雨点滴落梧桐叶上发出的单调响声,不时还夹杂着三两声大雁的哀鸣。园中的菊花都已开始凋谢,残存的花瓣在寒风中无力摇摆。再也不是那摘花的年纪,再也没有那看花的心情。慢慢地,李清照脸上的笑意变成了一丝苦笑,昔日皆成过往烟云,时光不会倒流,一切不会从头再来,只剩下自己孤身一人。在这凄清的黄昏忍耐这份苦风凄雨,抵挡这秋冷冬寒,何时才是个头呀?这点点滴滴的秋雨还要滴到什么时候?想到这里,李清照顿感心中酸楚,一滴冷泪流过面颊,落入面前的酒杯之中。她便举起酒杯,将那掺着

苦涩泪水的酒一饮而尽。

　　朦胧之中,李清照清瘦的身形显现在窗前,一连饮了几杯,她还觉得手脚冰凉,可又不愿离开窗子添件衣服。她就一直坐在那里,怕中断与赵明诚在心中的对话,又怕忆起太多的往事,令她更加伤心。然而,雨不住,风不停,半生的坎坷和孤独没有尽头,那乍暖还寒的季节,似曾相识的大雁,堆积满地的黄花,还有那缠绵的、没有尽头的秋雨……无不令人触景伤怀,牵动愁丝。于是,李清照在冥思苦想中,挥笔写了《声声慢》词,"寻寻觅觅,冷冷清清,凄凄惨惨戚戚",就是这首词中的名句。

赏析

　　"寻寻觅觅,冷冷清清,凄凄惨惨戚戚。"这是李清照在百感迸发中吐出的十四叠字,六双声,三叠韵,有浅深,有层次,从失落感到恸哭、悲愤,写若有所失、若有所寻而又寻无所得的清冷、凄惨和忧戚。"寻寻觅觅"言精神没有寄托,若有所寻、若有所失的恍惚状态,所谓"寻坠绪之茫茫",其实是没有什么可以寻找到的,只有冷清悲戚之感在心里,读来使人益增凄怆的感受。

燕子楼空,佳人何在?空锁楼中燕

【名句】

yàn zi lóu kōng   jiā rén hé zài   kōng suǒ lóu zhōng yàn
燕 子 楼 空①,佳 人 何 在②? 空 锁 楼 中 燕。

【出典】

苏轼《永遇乐》。

【注释】

①燕子楼:在今徐州市,为关盼盼所居之地,现旧址已废。
②佳人:指唐代徐州著名歌妓关盼盼。

【译文】

眼前的燕子楼空荡荡,当年的佳人在何方?现在只剩下空锁的燕子楼。

【原作】

明月如霜,好风如水,清景无限。曲港跳鱼,圆荷泻露,寂寞无人见。紞如三鼓,铿然一叶,黯黯梦云惊断。夜茫茫,重寻无处,觉来小园行遍。　　天涯倦客,山中归路,望断故园心眼。燕子楼空,佳人何在?空锁楼中燕。古今如梦,何曾梦觉?但有旧欢新怨。异时对、黄楼夜景,为余浩叹!

【作者小传】(见第13页)

故事

宋神宗元丰元年(1078),苏轼任徐州太守,曾经夜宿燕子楼,梦见楼的旧主人,唐代张尚书的侍妾盼盼(因为传说说,唐代张建封镇守徐州时,有爱妾关盼盼,张为其筑燕子楼。张死后,盼盼念旧爱不嫁,独居燕子楼十多年)。苏轼不拘于盼盼的旧事,而是借梦盼盼抒发感慨,寄寓宇宙人生的深刻哲思,于是挥笔写了《永遇乐》词,"燕子楼空,佳人何在?空锁楼中燕"就是这首词中的名句。

传说,苏轼这首《永遇乐》词刚脱稿,还没有给歌妓配曲歌唱,却已经在徐城里哄传开来。苏轼追究是哪里传出去的,人们说开端于一名巡逻的士兵。于是,苏轼召来这名巡夜士兵询问,巡夜士兵回答说:"我颇懂乐曲,前天晚上住宿在张建封庙,听到有人唱这首词,因而记录下传播开去,开初并不明白其中的原因。"苏轼听后笑了一笑,但释放了那名巡夜士兵。

赏析

"燕子楼空,佳人何在?空锁楼中燕。"这三句是对"人去楼空,古今如梦"的形象描述。《永遇乐》这首词以"燕子楼"、"梦盼盼"为题材,把梦境与现实写得若即若离,又把历史、现实与未来沟通为一体,从时间和空间等方面抒发对人生的感悟,浩叹人生之短,世事之变幻。苏轼诗词中有多处"人间如梦"、"人生如寄"、"古今如梦"的比喻,常有人作消极厌世的理解,但如能把苏轼曲折而又丰富、多难而又豁达、穷老而又乐观的一生联系起来,可能会获得许多深度和广度上"更上一层楼"的理解和启发。

衣带渐宽终不悔,为伊消得人憔悴

【名句】

yī dài jiàn kuān zhōng bù huǐ　wèi yī xiāo dé rén qiáo cuì
衣 带 渐 宽　终 不 悔①,为 伊 消 得 人 憔 悴②。

【出典】

柳永《凤栖梧》。

【注释】

①衣带渐宽:表示人逐渐瘦了。《古诗》:"相去日已远,衣带日已缓。"
②伊:她。消得:值得。

【译文】

衣带逐渐宽松,人也显得憔悴。为了她呀!即使身体消瘦下去,也不翻悔。

【原作】

伫倚危楼风细细,望极春愁,黯黯生天际。草色烟光残照里,无言谁会凭栏意。拟把疏狂图一醉,对酒当歌,强乐还无味。衣带渐宽终不悔,为伊消得人憔悴。

【作者小传】(见第17页)

在一个微风习习的傍晚,柳永独自站在高楼上,看着夕阳里的草色山光,心中涌起了无限的思念。这思念是这样的浩渺广阔,似乎从天际升起,步步紧逼,笼罩着无边的大地。可是,有谁能理解他这时的思念呢?又有谁能够倾听他这时的诉说呢?于是就希望对酒当歌,一醉方休,好忘掉这深深的思念。但是,由于思念的感情是这样的强烈与深沉,再好的酒也难以入口,更不要说是借酒浇愁了。

怎么办呢?于是柳永就抛掉了酒杯,不再想办法去压抑自己的感情了,他不管什么,就让这思念把自己折磨瘦了,憔悴了吧!即使这样,他也决不后悔。只要为了她,有什么是不可以的呢?于是,为了抒发强烈感情,写了一首《凤栖梧》词,"衣带渐宽终不悔,为伊消得人憔悴"就是这首词中的名句。

赏析

"衣带渐宽终不悔,为伊消得人憔悴",这两句从《古诗十九首》的名句化出,但古诗含蓄温厚,柳词则浓烈执着,和李商隐的"春蚕到死丝方尽,蜡炬成灰泪始干"一样,都以情真意切而传诵千古。王国维《人间词话》曾借用这两句,说凡成就大事业大学问的人,必须有这样锲而不舍的坚毅精神。这说明作者能形象地表达出某种精神状态,具有较高的概括能力。近人唐圭璋教授则指出这两句是从韦庄的《思帝乡》"陌上谁家年少足风流,妾拟将身嫁与一生休。纵被无情弃,不能羞"的语意中来。

月上柳梢头,人约黄昏后

【名句】

月上柳梢头①,人约黄昏后②。

【出典】

欧阳修《生查子》。

【注释】

①月上:一作"月到"。
②约:约定,相约。

【译文】

月儿从柳树上升起,我和心上人啊,相约在黄昏后的时间。

【原作】

去年元夜时,花市灯如昼,月上柳梢头,人约黄昏后。　今年元夜时,月与灯依旧。不见去年人,泪湿春衫袖。

【作者小传】(见第115页)

故事

这是一个元宵节的夜晚,街面上四处彩灯高悬,爆竹齐鸣,明亮的灯火把大地照得如同白昼一般。灯光与月光交映着,爆竹声与人的欢笑声交融在一起,好不热闹。这样热闹的观灯情景,在元宵节前后要持续五夜呢,而以今夜最为豪华繁盛。

然而,在那灯火稀疏的角落,却没精打采地站着一个年轻人,身边的一切热闹景象对他来说好像并不存在。他痴呆呆地站立在那里,泪水早已湿透了衣襟。

是什么事情让他这样伤心呢?

原来,他想起了去年元宵夜的情景。去年,也是这样的时辰,也是这样的繁华热闹,也是这样的灯明月亮,他与他的心上人手拉着手,躲开了众人,一同来到郊外的小树林里约会,四周静悄悄的,他俩甜蜜地依偎在一起,听着各自的心跳,看那一轮圆月爬上了柳树梢头。那情景,是多么令人陶醉啊!而今日,只剩下了他孤零零的一个人,他所心爱的人儿不知到什么地方去了,更不知什么原因而离开了他。好久没有见她了,今天没有见到他,也许永远见不到她了,痴情的小伙子如何不伤心落泪呢?

欧阳修年轻时在河南任推官,和一个歌女很要好,根据他的切身感觉,对元宵节往事的回忆,为了抒发物是人非的感慨,挥笔写了《生查子》词,"月上柳梢头,人约黄昏后"便是这首词中的千古名句。

赏析

"月上柳梢头,人约黄昏后",这两句情景交融,写出了恋人在月光柳影下两情依依、情话绵绵的景象,制造出朦胧清幽、婉约柔美的意境。句中的月、人等字面互相映照,这种文义并列的分片结构,形成回旋咏叹的重叠,读来一咏

三叹,情真语切,令人感慨。

此词亦载朱淑真《断肠集》中。

一点浩然气,千里快哉风

【名句】

yì diǎn hào rán qì　qiān lǐ kuài zāi fēng
一 点 浩 然 气①,千 里 快 哉 风②。

【出典】

苏轼《水调歌头》。

【注释】

①浩然气:正大刚直之气。
②快哉风:语出宋玉《风赋》。

【译文】

胸中有了浩然之气,才能享受、领会到这种"快哉"之风。

【原作】

落日绣帘卷,亭下水连空。知君为我新作,窗户湿青红。长记平山堂上,欹枕江南烟雨,杳杳没孤鸿。认得醉翁语,山色有无中。　一千顷,都镜净,倒碧峰。忽然浪起掀舞,一叶白头翁。堪笑兰台公子,未解庄生天籁,刚道有雌雄。一点浩然气,千里快哉风。

【作者小传】(见第13页)

宋神宗元丰六年(1083),苏轼离开平山堂,有一个爱词但更爱钻牛角尖的

人来游平山堂。他在平山堂转了一圈,突然就像有什么新发现似的大声嚷了起来:"那位文章太守欧阳修,肯定是个近视眼,平山堂对面那几座山距离平山堂很近,看上去很清楚啊!要不是近视眼,他怎么会在《朝中措》词中说'山色有无中'呢?"

这番议论意味着:如果欧阳修不是近视眼,那么他这首《朝中措》词就是胡说八道;如果欧阳修是近视眼,那么他这首《朝中措》词就只是写给近视眼看的。

当时,人们对欧阳修都很敬仰,都不愿意接受这番议论,但又不得不承认那个爱钻牛角尖的人说得有道理,心里难免犯嘀咕,到底谁对谁错呢?于是,这事儿在当时的文坛上,就成了一桩悬而未决的公案。

这桩公案很快被一代文宗苏轼知道了。当时,苏轼身在黄州,他的好友张梦得在黄州的江边建了一座亭子,刚竣工,还没给亭子命名。张梦得就请苏轼到这亭子里赏玩。苏轼欣然赴约,玩得很畅快,就为之命名为"快哉亭",兴犹未尽,还要赠给张梦得一首词,以谢相邀之情。他在词中就借机把"山色有无中"解释给世人听。这首词就是《水调歌头》。"一点浩然气,千里快哉风"便是这首词中的名句。

赏析

"一点浩然气,千里快哉风。"这两句名言是苏轼内心的感慨!浩然正气、快哉清风,都是气也,寓于寻常之中,而塞乎天地之间。只要胸中有了"浩然"之气,就能无往而不适、无往而不快,就能真正领略江川之胜,"快哉"之风。这两句大笔淋漓,把诗人在快哉亭的登临之感、览物之情,推向了高潮,表现了苏轼"不以物喜、不以己悲"的旷达、磊落的襟怀。

一川烟草,满城风絮,梅子黄时雨

【名句】

yì chuān yān cǎo　mǎn chéng fēng xù　méi zǐ huáng shí yǔ
一 川①烟草②,满 城 风 絮,梅 子 黄 时 雨③。

【出典】
贺铸《青玉案》。

【注释】
①一川:遍地。
②烟草:青草茫茫无边状。
③"梅子"句:江南逢春夏之交,多阴雨连绵天气。因此时正值梅子成熟季节,故称"梅雨"或"黄梅雨"。唐人诗有"梅子黄时雨意浓"之句。

【译文】
我心中的愁啊,就像遍地迷濛的荒草,满天飘舞的柳絮,还有那黄梅时节的细雨,淅淅沥沥,淅淅沥沥。

【原作】
凌波不过横塘路,但目送、芳尘去。锦瑟年华谁与度?月桥花谢,琐窗朱户,只有春知处。　　飞云冉冉蘅皋暮,彩笔新题断肠句。若问闲情都几许?一川烟草,满城风絮,梅子黄时雨。

【作者小传】(见第39页)

故事

贺铸不是一般的词人,他是宋太祖孝惠贺皇后的族孙,还是宗室的女婿,曾娶宗室女为妻,由于他秉性耿直,因此在政治上一生不得志,但这却使他在词的创作上取得了很高的成就。

贺铸为了思念美人抒发自己的苦闷闲愁,写了《青玉案》词,"一川烟草,满城风絮,梅子黄时雨",便是这首词中的名句。这词一传出,立即传为绝唱。一时间,以《青玉案》词牌和它原韵的词作不计其数。文人墨客们争先恐后步韵填词,许多名家也纷纷和作。

苏轼写下了"和贺方回韵送伯固归吴中故居";李之仪有"用贺方回韵有所祷而作";黄大临的和作首句为"行人欲上来时路"和"千峰百嶂宜州路";黄庭

坚的"至宜州次韵上酬七兄",首句是"烟中一线来时路"……一时和词之盛,景况空前,但是没有哪一首词,能像贺铸这首《青玉案》产生如此的影响。

写出如此美妙之词的贺铸,据记载他其貌不扬。陆游说他是状貌奇丑,长身耸目,面色铁青,人称贺鬼头。虽然贺铸长相不俊美,但却谈吐文雅,文采焕灿,对答如流。有一次,贺铸的好朋友郭功父写下了一首《示耿天骘》诗,王安石在这首诗的后面写下了两句评语:

"庙前古木藏训狐,豪气英风亦何有。"

这两句评语给贺铸留下了深刻的印象。晚年贺铸在苏州居住,他与郭功父这一时期来往很密切,经常在一起谈诗词。有一次,郭功父指着贺铸稀疏的头发开玩笑说:

"此真'贺梅子'也!"

贺铸听罢,捋着胡子笑道:

"您真是个'郭训狐'也。"

贺铸为什么叫"贺梅子"呢?因为《青玉案》词的最后一句"梅子黄时雨",被人们称为全词的点睛之句,因此贺铸便有了"贺梅子"的美誉。

赏析

"一川烟草,满城风絮,梅子黄时雨",写词人无边无尽的相思和愁绪,就像是漫山遍野的淡烟雾草,像那满城四处飘飞的柳絮,像那黄梅成熟时节的细细雨丝,绵长浓密!这三句词用江南初春至暮春的"烟草"、"飞絮"和"梅雨",描绘出一幅迷蒙苍茫、无边无际的伤心景象,写出词人心中无限的愁思,最为人们所赞赏。以致贺铸在写出此词后不久,就得了一个"贺梅子"的绰号。

一尊浊酒戍楼东,酒阑挥泪向悲风

【名句】

yì zūn zhuó jiǔ shù lóu dōng　jiǔ lán huī lèi xiàng bēi fēng
一 尊① 浊 酒 戍 楼 东②,酒 阑 挥 泪 向 悲 风。

【出典】

张孝祥《浣溪沙》。

【注释】

①一尊:一杯。戍楼:保卫边疆的城楼。
②酒阑:将杯中酒饮尽。

【译文】

在戍楼上举杯饮酒借酒浇愁,酒将喝尽时挥泪对着风难以排遣心中的悲怀。

【原作】

霜日明霄水蘸空,鸣鞘声里绣旗红,澹烟衰草有无中。　　万里中原烽火北,一尊浊酒戍楼东,酒阑挥泪向悲风。

【作者小传】(见第75页)

宋孝宗乾道二年(1166)秋高气爽的一天,张孝祥突发游兴,便邀朋友一起登上荆州城楼。晴空万里,远景历历在目。湖水在阳光的照耀下,犹如同天空连在一起似的,望上去是水天一色,迷迷濛濛。城楼下的军营中红旗猎猎飘动,将士打着马,风驰电掣般来往于关塞内外,马鞭啪啦作响。马过后掀起的尘土像淡淡的烟雾,遮住了枯黄的野草,若有若无似的。

看着眼前的这一切,词人的情绪忽然变得沉重起来!荆州本来是内地的一座城池,可如今竟成了边塞之地,满目看到的是刀光、战旗、征尘,听到的是鼓鸣、马嘶、喊杀声。眼下已是烽火遍地,中原已处在烽火以北了。想起中原故土,怀念那里的黎民百姓,词人感慨万端。但又无可奈何,只好借酒浇愁。然而,"举杯消愁愁更愁",一杯酒怎能把满腔悲愤消除尽呢?这时候,词人北望中原,悲愤填膺,独立在萧瑟、悲凉的秋风中,禁不住掉下悲酸的泪珠,于是挥笔写了《浣溪沙》词,"一尊浊酒戍楼东,酒阑挥泪向悲风"就是这首词中的名句。

赏 析

"一尊浊酒戍楼东,酒阑挥泪向悲风。"这两句写因观边塞而激起的对中原沦陷的悲痛之情。词人北望中原,无限感慨,欲借酒消遣,而酒罢益悲,于是不禁向风挥泪。"挥泪"两字表现内心悲戚之深。秋风吹来,令人不寒而栗,感念中原尚未收复,人民陷于水火之中,而朝廷只求苟安,故觉风亦满含悲哀。在字里行间,俨然看到了一位北望中原志在恢复的军事首领形象。

欲将心事付瑶琴。知音少,弦断有谁听

【名句】

yù jiāng xīn shì fù yáo qín　zhī yīn shǎo　xián duàn yǒu shuí tīng
欲　将　心　事　付　瑶　琴①。知　音　少②,弦　断　有　谁　听?

【出典】

岳飞《小重山》。

【注释】

①瑶琴:镶玉的琴。琴,一作筝。这三句暗用俞伯牙和钟子期的典故。
②知音:了解自己的人。

【译文】

我想将满腔心事都寄于琴声,无奈知音太少,琴弦又断,更有谁来倾听。

【原作】

昨夜寒蛩不住鸣。惊回千里梦,已三更。起来独自绕阶行,人悄悄,帘外月胧明。　白首为功名。旧山松竹老,阻归程。欲将心事付瑶琴,知音少,弦断有谁听?

【作者小传】（见第102页）

故事

　　1136年，本来只想苟安江南的宋高宗赵构，在宰相张浚等人的劝说下，决定出兵北伐。湖北、襄阳路宣抚副使岳飞，奉命率领精锐的岳家军从鄂州(今湖北武昌)移驻襄阳(今湖北襄樊)，随时准备挥师北上。

　　但是意想不到的事情发生了。掌握实权的宰相张浚，为了个人目的，竭力说服宋高宗改变主张，另派自己的心腹吕祉去统辖淮西的军队。岳飞知道后非常愤慨，一气之下辞去军务，跑到庐山母亲的墓地守丧去了。

　　吕祉是个刚愎自用的官僚，根本不会带兵。他到淮西军中只有两个月，刘光世的部将郦琼就举兵叛变，杀掉吕祉，带着四万多将士投降了伪齐政权。这个事件，给整个战局带来了严重的影响。

　　岳飞在朝廷的再三督促下，不久就从庐山回到了军中。虽然报国的壮志受到挫折，但并没有绝望，仍然积极整饬军队，训练将士，以便有朝一日能够投入北伐中原的战斗中去，为光复祖国河山贡献力量。

　　1138年，畏敌如虎的宋高宗终于起用秦桧为宰相，同金朝订立丧权辱国的和约。这对主张用武力收复失地的爱国志士来说，是一个沉重打击。消息传到鄂州，岳飞感到无限的痛心。

　　一个深秋的夜晚，岳飞在鄂州大营里做了一梦。他梦见自己骑在马上，率领将士们浩浩荡荡跨过冰封雪冻的贾鲁河，向着汴京进发。突然，他的马发出凄厉的长鸣，纵身一跳，把他颠下鞍来。他从梦中惊醒过来。

　　"咚咚咚，笃笃笃……"营外传来报夜的更鼓，时间已经三更了。岳飞再也无法入睡，就披衣走出营门。空旷的营地上除了朦胧的月色，静悄悄的不见一个人影。

　　岳飞想到沦陷敌手的故乡汤阴，多少年来，他渴望收复失地，重返家园，现在已无法实现了。他感到万分悲痛，在悲痛中为了抒发自己壮志难酬的孤愤心情，于是写了《小重山》词，"欲将心事付瑶琴。知音少，弦断有谁听"就是这首词中的名句。

赏析

　　"欲将心事付瑶琴。知音少，弦断有谁听"，这三句用比兴手法点出"知音"

难遇的凄凉情怀,甚为悲伤忧郁。作者内心深处的苦闷和悲愤,跃然纸上,清楚地传达给了读者。它也真切地表达了作者壮志难酬的痛苦心境,反映了投降派统治下的南宋的黑暗现实。赵鼎在《花心动》中的"绿琴三叹朱弦绝,与谁唱阳春白雪",与这三句的词意情调很相似。

叶上初阳干宿雨,水面清圆,一一风荷举

【名句】

yè shàng chū yáng gān sù yǔ　shuǐ miàn qīng yuán yī yī fēng hé jǔ
叶　上　初　阳　干　宿　雨①,水　面　清　圆,一一　风　荷　举②。

【出典】

周邦彦《苏幕遮》。

【注释】

①宿雨:昨夜的雨。
②举:昂起。

【译文】

初升的阳光洒满荷塘,荷上已不见夜雨的痕迹。水面圆圆的荷叶那样清润,一张张在风中摇曳高举。

【原作】

燎沉香,消溽暑。鸟雀呼晴,侵晓窥檐语。叶上初阳干宿雨,水面清圆,一一风荷举。　故乡遥,何日去?家住吴门,久作长安旅。五月渔郎相忆否?小楫轻舟,梦入芙蓉浦。

【作者小传】(见第104页)

故事

周邦彦年轻时博学多才，但为人疏狂不羁，所以州里的一些士大夫对他很不重视。他经历了神宗、哲宗、徽宗三朝。29岁到汴京时，神宗在位，他在国子监当个太学生，写作了一篇《汴都赋》，洋洋七千多字，规模宏大，内容富丽，神宗和大臣见了都很欣赏。由于赋中歌颂了神宗和推行新法，更得到神宗的欣赏。于是，宋神宗一下子把他从太学生提升为太学正，也就是从学生提拔为学官。

这样，做了五年官，他更努力作词，因为他精通音律，他的词在达官贵人以至歌妓中博得很大的名声。

有一年夏天，天气很闷热，早晨下过了雨，天刚放晴，鸟雀在屋檐上欢快地啼叫着。初升的太阳烘干了叶子上残留的雨滴。清圆的荷叶在水面上昂起了头，迎着风在轻轻地摇曳。

周邦彦看到眼前的如此美景，自然引起了他对故乡的怀念。他想到故乡是多么遥远啊，什么时候才能回到你的身旁？自己家住南国水乡钱塘，却久久滞留在京城汴梁。家乡的亲人，特别是渔郎朋友，是否还记得我这个孤独的人？现在自己只有在梦中乘着船划着桨，到故乡那美丽的荷花池塘去游玩欣赏。

就这样，周邦彦从雨后风荷，触动他思乡之情，为了抒发久客异乡的思乡情怀，不禁词兴大发，把他的所见、所思及梦境，挥笔写了《苏幕遮》词，"叶上初阳干宿雨，水面清圆，一一风荷举"便是这首词中的名句。

赏析

"叶上初阳干宿雨，水面清圆，一一风荷举。"这三句，将宿雨初收，朝日放晴，晓风吹过，碧绿如拭的圆润荷叶与亭亭玉立的荷花昂首摇曳的情状惟妙惟肖地再现纸上，富于光感和色彩，其中一个"举"字，活化了荷花的神态。王国维十分激赏这三句用笔之工，称其为"其能得荷花之神理者"。

Z

昨夜西风凋碧树。独上高楼，望尽天涯路

【名句】

昨夜西风凋碧树①。独上高楼，望尽天涯路②。

【出典】

晏殊《蝶恋花》。

【注释】

①凋碧树：使碧绿的树凋零。
②天涯：天边。

【译文】

一夜的西北风无情地吹着，黄色的枯叶纷纷随风飘落，我独自登上高楼，看见眼前的路伸展到与天边相接。

【原作】

槛菊愁烟兰泣露，罗幕轻寒，燕子双飞去。明月不谙离恨苦，斜光到晓穿朱户。　昨夜西风凋碧树。独上高楼，望尽天涯路。欲寄彩笺兼尺素，山长水阔知

何处？

【作者小传】（见第21页）

宋代时，有一个叫杜世安的人，时常赋诗填词，闲来时写一首半阕，也就自命为词人了。由于他曾官到郎中，人们便称他为"杜郎中"。

这位杜郎中尽管词写得不怎么样，因为生逢盛世，与有名的大词人晏殊同时代，于是，便有了一段他与晏殊的故事被流传下来。

一次，晏殊创作了这首《蝶恋花》词，词中有"昨夜西风凋碧树。独上高楼，望尽天涯路"的名句。此词一出，众皆称赞叫好。唯独杜世安看了连连摇头。他不以为然地说："此词尚需推敲。"

他说："词中'罗幕轻寒，燕子双飞去'两句，也写得太孤寂，太凄恻了！而后面的'明月不谙离恨苦'更令人费解，'明月'怎么会'谙离恨苦'呢？特别是'昨夜西风凋碧树'这句，就更加使人想不通了。诸位请仔细想想，既然时间已是深秋初冬之际，树木当早已落尽绿叶，'碧树'又从何说起？"

人们看到杜世安如此狂妄，便一阵哄笑。

赏析

"昨夜西风凋碧树。独上高楼，望尽天涯路。"由眼前万木凋零的景象而引起的昨夜西风劲吹的回忆，也是"望尽天涯路"的原因。这几句词写了主人公望而不见的伤离情绪。王国维借用这三句来描述古今成大事业、大学问的第一种境界，即开始学习钻研的阶段，指的就是其中蕴含着的一种独立顽强的求索精神。

枝上柳绵吹又少,天涯何处无芳草

【名句】

zhī shàng liǔ mián chuī yòu shǎo　tiān yá hé chù wú fāng cǎo
枝　上　柳　绵　吹　又　少①,天　涯　何　处　无　芳　草②!

【出典】

苏轼《蝶恋花》。

【注释】

①柳绵:柳絮。

②天涯:天边。

【译文】

柳花越来越少了。芳草却无边无际,草色青青。

【原作】

花褪残红青杏小。燕子飞时,绿水人家绕。枝上柳绵吹又少,天涯何处无芳草!　墙里秋千墙外道。墙外行人,墙里佳人笑。笑渐不闻声渐悄,多情却被无情恼。

【作者小传】(见第13页)

苏轼的词,历来被称为开启豪放一代,对后代产生重大影响。但在同时,他

有许多清新婉约的词,感情丰富细腻,比起某些号称婉约派词苍白无味的作品来,不知要高出多少。

苏轼家里有个朝云,很会唱词,跟着他贬谪到惠州。有一天两人闲坐,当时正值秋天,眼前落木萧萧,枯叶遍地,不禁勾引起苏轼凄然悲秋的情绪来。他命朝云温酒来唱,并叫她唱一曲自己写的《蝶恋花》,"枝上柳绵吹又少,天涯何处无芳草",就是这首词中的名句。

不久,朝云抱病身亡。苏轼因她生前对自己体贴周到,毫无怨言地跟着他贬官各地,最后不幸病死,当然非常伤心。从此以后,他就终生不再听人唱这首词了。

赏析

"枝上柳绵吹又少,天涯何处无芳草。"这两句写柳花、芳草,展示晚春到初夏的过渡气象。苏轼看到路两边的柳絮零星地飞舞,比几天前经过的时候少了很多,但是苏轼一点儿也不伤感,即使是春天去了,它还是会再回来的。放眼远望,芳草连着天边长,满眼的春色,让人难以释怀。

争渡,争渡,惊起一滩鸥鹭

【名句】

zhēng dù zhēng dù　jīng qǐ yì tān ōu lù
　争　渡,争　渡①,惊　起一　滩 鸥 鹭②。

【出典】

李清照《如梦令》。

【注释】

①争渡：争先恐后抢着划船。

②鸥鹭：白鹭和沙鸥。

【译文】

向前划啊，向前划，桨声惊起沙滩上栖息的一片鸥鹭鸟。

【原作】

常记溪亭日暮，沉醉不知归路。兴尽晚回舟，误入藕花深处。争渡，争渡，惊起一滩鸥鹭。

【作者小传】（见第31页）

宋代著名女词人李清照，与金石考古家赵明诚结婚不久，住在汴梁。那时，他们都正是年富力强，特别富于感情，又值新婚燕尔，自然生活得格外快乐。

七月中旬的一天清早，李清照与赵明诚兴致勃勃地带着美酒、佳肴与文房四宝外出郊游。出去没有多久，太阳便从东方冉冉升了起来，于是，他们朝前望去，一条宁静幽美的小河横卧在他们面前。

整整的一天，他们几乎都是在欢乐与幸福中度过。他们不是开怀畅饮，就是联句赋诗。一直到颇有些醉意了，才在暮色苍茫的时候寻路回家。

大概因为是醉意蒙蒙了，他们找不到来时的渡口，赵明诚焦急得不知说什么才好。最后，好不容易在水草丛中找到了一只小船，他们醉眼惺忪地踏上船，又争着划起桨来。

小船刚一转弯，赵明诚突然大叫起来："啊呀，易安，你看我们究竟闯到哪里来了！"

李清照慢慢地抬起头望去,原来是一望无际的荷花。

只见白色的、粉红色的荷花衬托着碧绿宽大的叶子,正在晚风轻轻的吹拂中摇曳着。小船在荷花丛中穿过,使得一群鸥鹭从藕花深处惊飞起来,随之,发出悠长的鸣叫声。

两个月后的一天,赵明诚在书房里读书,李清照走进来递给他一篇词稿便是《如梦令》。"争渡,争渡,惊起一滩鸥鹭",就是这首词中的名句。

赏析

"争渡,争渡,惊起一滩鸥鹭",这几句中一连两个"争渡",表达了主人公急于从迷途中寻找出路的焦灼心情。正是由于"争渡",所以又"惊起一滩鸥鹭",把停栖在水边的鸟都吓飞了。这几句选择回家片断,把移动着的风景和主人公怡然的心情融合在一起,写出了李清照青春年少时的好心情,让人不由想随她一道荡舟荷丛,沉醉不归。正所谓"少年情怀自是得",不事雕琢,富有一种自然之美。

只愿君心似我心,定不负相思意

【名句】

zhǐ yuàn jūn xīn sì wǒ xīn　dìng bú fù xiāng sī yì
只　愿　君 心 似 我 心①,定　不 负　相　思 意②。

【出典】

李子仪《卜算子》。

【注释】

①愿:希望。

②五代顾夐《诉衷情》:"争忍不相寻?怨孤衾。换我心,为你心,始知相忆深。"这两句脱化于顾词。

【译文】

只希望你的心能像我的心一样,那就一定不会辜负我对你眷眷的相思之意。

【原作】

我住长江头,君住长江尾。日日思君不见君,共饮长江水。 此水几时休,此恨何时已。只愿君心似我心,定不负相思意。

【作者小传】

李之仪(约1035~1117),字端叔,自号姑溪居士。沧州无棣(在今山东省)人。任枢密院编修官,通判原州,官终朝议大夫。诗文词皆工,尤工尺牍,苏轼称赞他"入刀笔三昧"(《宋史》本传)。其尺牍行文曲折,婉转多姿,代表作有《与苏黄门子由书简》、《与赵仲强兄弟手简》等。他是北宋末年一位著名的词人,尤其擅长小词。他的小词清淡典雅,语意缠绵,意境极妙。代表作有《好事近》(相见两无言)、《千秋岁》(柔肠寸断)等。

有一天,李之仪设身处地为一位女子着想。他想到我住在长江的这一边,你却在长江的那一头。我每日每夜地思念着你,却一直见不到你的身影。我们共饮着同一条长江的水,但愿能彼此心心相印。只要这滚滚的长江水不停止地流动,我对你的思念也不会罢休。只希望你的心如同我的心一样,才不至于辜负我这一片相思之情。

李之仪想着想着,似乎自己变成了一个多情的女子,多么想和没有音讯的远方朋友相聚在一起。那滚滚的长江水一泻千里,日复一日,从不间断,女子内心的思念犹如奔腾的江水一样汹涌而出,不可遏止,于是写了《卜算子》词,"只愿君心似我心,定不负相思意"就是这首词中的名句。

赏析

"只愿君心似我心,定不负相思意。"这两句以己之钟情期望对方,挚着恋情,倾口而出。恨之无已,正缘爱之深挚。"我心"既是江水不竭,相思无已,自然也希望"君心似我心",不负我相思之意。这两句同五代词人顾夐的词句"换我心,为你心,始知相忆深"(《诉衷情》)极其相似,然顾词热情,李词敦厚;顾词直率,李词含蓄,二者各臻其美。

醉里吴音相媚好,白发谁家翁媪

【名句】

zuì lǐ wú yīn xiāng mèi hǎo　bái fà shuí jiā wēng ǎo
醉 里 吴 音 相　 媚 好①,白 发 谁 家 翁　媪②?

【出典】

辛弃疾《清平乐·村居》。

【注释】

①吴音:柔媚的江西一带口音。辛弃疾这时候居住的江西上饶地区,是春秋时吴国的地方。
②翁媪:老头儿和老妇人。

【译文】

不知谁家的老翁和老妇,操着悦耳的吴音在闲谈取乐?

【原作】

茅檐低小,溪上青青草。醉里吴音相媚好,白发谁家翁媪? 大儿锄豆溪东,中儿正织鸡笼。最喜小儿无赖,溪头卧剥莲蓬。

【作者小传】(见第4页)

故事

略

赏析

"醉里吴音相媚好,白发谁家翁媪",这两句写老人:不知谁家的老头儿和老婆婆,操着柔媚而有醉意的吴音,在闲谈取乐,这是一种多么悠闲自得的生活呀:和谐、温暖、惬意,让人羡慕。作者采用倒装句法,未见其人,先闻其声。这不仅制造出令人惊奇的效果——不是青年男女在谈情,而是老夫老妻在取乐,而且更能体现出他们闲适的晚年生活和心境。

醉里挑灯看剑,梦回吹角连营

【名句】

zuì lǐ tiǎo dēng kàn jiàn mèng huí chuī jiǎo lián yíng
醉 里 挑 灯 看 剑①,梦 回 吹 角 连 营②。

【出典】

辛弃疾《破阵子·为陈同甫赋壮词以寄》。

【注释】

①醉里:酒醉时暂时忘却现实。
②梦回:梦醒。吹角:号角声。

【译文】

醉意中把灯拨亮把玩宝剑,一梦醒来军营中号角响成一片。

【原作】

醉里挑灯看剑,梦回吹角连营。八百里分麾下炙,五十弦翻塞外声。沙场秋点兵。　马作的卢飞快,弓如霹雳弦惊。了却君王天下事,赢得生前身后名。可怜白发生。

【作者小传】(见第4页)

故事

1188年,著名爱国志士陈亮,雪夜访问辛弃疾,辛弃疾设宴招待。酒逢知己千杯少。两人边唱边谈,非常兴奋,没有一丝倦意。

辛弃疾同陈亮又干了一杯,抹抹胡须,说道:"我平生遇到的豪杰,最出色的还得数耿京大哥,他一介农夫而统帅数十万起义军,叱咤风云,震动山东!"

"记得我投奔他的那天,他摆酒给我们接风。我喝得有些醉意了,也是这样的深夜,也是这样挑灯看剑。第二天早晨醒来,我听到一片号角的声音,走出大帐一看,义军战士漫山遍野,有的在磨刀拭剑,有的在舞枪弄棒,琵琶声不断弹奏着塞外悲壮的战歌,空中不断飘来烤炙牛肉的香味。早饭过后,耿大帅在演武场上点兵,马队奔腾,像狂风骤雨那样飞快,万箭齐发,那弦声像霹雳一样动

魄惊心。"说到这里,辛弃疾突然停止了,微微摇头,长叹一声:"唉,可惜壮志未酬,却已两鬓生霜了!"

这时候,远处传来了一声声鸡啼。陈亮站起身来,对辛弃疾说:"晋代的爱国志士祖逖和刘琨半夜闻鸡起舞,今夜咱俩的心情不也和他俩相同吗?不要让你的宝剑老是闲着了,我来舞一会儿剑!"

陈亮从辛弃疾手中接过宝剑,翩翩起舞,辛弃疾激动地唱起了一首《破阵子·为陈同甫赋壮词以寄》词,"醉里挑灯看剑,梦回吹角连营"就是这首词中的名句。

赏 析

"醉里挑灯看剑,梦回吹角连营。"这两句以写梦寄托自己的理想,前句写梦前,后句写梦醒。辛弃疾这时闲居已久,请缨无路,而且屡遭打击。现实生活不可能触发他收复失地的雄心壮志,而只有因醉而梦,由"挑灯看剑"触发出来。在梦到痛快的时候,虽然醒了,却引起了他的豪壮想象,于是就任凭想象的骏马驰骋起来,从而写出淋漓的郁积在胸中数十年的愿望。句中的"吹角连营"意味着动员令下,军心振奋。

自许封侯在万里。有谁知,鬓虽残,心未死

【名句】

zì xǔ fēng hóu zài wàn lǐ　yǒu shuí zhī bìn suī cán　xīn wèi sǐ
自许 封 侯 在 万 里①。有 谁 知,鬓 虽 残②,心 未 死③。

【出典】

陆游《夜游宫》。

【注释】

①自许:自己默许。

②鬓残:两鬓花白。

③心:壮志。

【译文】

少年志大曾默许,日后封侯在万里。谁料到,两鬓已花白,壮志依然心不死。

【原作】

雪晓清笳乱起,梦游处、不知何地。铁骑无声望似水。想关河,雁门西,青海际。 睡觉寒灯里,漏声断,月斜窗纸。自许封侯在万里。有谁知,鬓虽残,心未死。

【作者小传】(见第23页)

宋孝宗乾道九年(1173)至淳熙元年(1174),陆游在嘉州做过一任代理知州。在赴任路上经过眉山时,结识了一位在当时被称为"天下伟人"的名士师伯浑。这是位具有爱国主义思想的人,陆游曾多次与朋友谈起师伯浑,四川宣抚使王炎想引荐师伯浑做官,但都遭到朝廷中主和派人的极力反对。

陆游与师伯浑在眉山一见如故。当陆游到了嘉州以后,师伯浑便赶到那里去拜访陆游。在嘉州,在这短短的十几天的日子里,他们或登山玩水,或书斋谈诗词,或把酒纵论天下。但他们谈论最多的,还是对中原失地的收复,对国家前途的忧虑。

此时正是深秋季节,他们想到中原有些地方将要飘起雪花了,知道那里的人们在金兵的铁蹄之下一定是度日如年。他们白天谈,夜里论,以至于在梦中

也梦见这些事。为了借梦来抒发自己报国无门,壮志难酬的苦闷和感慨,于是,陆游挥笔写了《夜游宫》词,"自许封侯在万里。有谁知,鬓虽残,心未死"便是这首词中的名句。

赏析

"自许封侯在万里。有谁知,鬓虽残,心未死",这几句说明陆游空有一颗报国之心,本打算恢复失地、赶走金兵,不辞辛苦地来到汉中前线,谁料却被逼着从前线撤退下来,但这颗重返前线杀敌的雄心,还没消失。这也是陆游壮志不酬誓不休的执著追求的体现,催人泪下,催人奋进。

自古功名属少年,知心惟杜鹃

【名句】

zì gǔ gōng míng shǔ shào nián　zhī xīn wéi dù juān
自 古 功 名 属 少 年①,知 心 惟 杜 鹃②。

【出典】

陆游《长相思》。

【注释】

①少年:年轻的时候。功名:成为国家功臣,得到朝廷重用。
②知心:心意,内心的悲哀。

【译文】

自古以来成就功名都在少年,此刻知道我心意的只有林中的杜鹃鸟了。

190

【原作】

面苍然,鬓皤然,满腹诗书不直钱,官闲常昼眠。　　画凌烟,上甘泉,自古功名属少年,知心惟杜鹃。

【作者小传】(见第23页)

宋孝宗乾道九年(1173),陆游在嘉州的官衙里处理公务,偶尔翻检到一张大散关的地图,心里有着说不出的高兴。大散关是南宋与金国分界的地方。他想,要是能够以汉中作为根据地,从大散关出兵进攻,乘敌人内部变乱的时机出击,胜利一定有希望。最近,陆游时常想着抗金的事,做着胜利的梦。

有一次,陆游在睡梦中,重新回到了王炎的幕府里,和将领们一起率领大军打到了黄河以南。这时,胜利的欢笑充满了王炎的幕府。陆游非常高兴地派出使者去接受附近县城敌人的投降,可是,醒来以后,却是做了一场梦。

但是,这个时候,朝廷的投降派不仅没有作战的准备,而且把主战的宰相虞允文排挤掉了。这使陆游的心头感到无比愤慨。

在一个北风呼啸的夜晚,陆游凝视着挂在床头的宝剑,又使他想起南郑的从军生活,想起中原人民渴望收复的情景,心里很不平静。他想,虽然投降派千方百计地阻挠抗战,但是堂堂的南宋,人民都渴望收复失地,难道还怕不能打败敌人取得最后胜利吗?陆游想到自己年近五十而功业还没有建立,千万种感情就像潮水一样涌上自己的心头,一股激动的情绪,使他立刻提起笔来,写了《长相思》词,"自古功名属少年,知心惟杜鹃"就是这首词中的名句。

赏 析

"自古功名属少年,知心惟杜鹃。"这两句是写作者晚年不受重用的感慨。

他想要成为国家的功臣,得到朝廷的赏识,要靠年轻力壮的时候,如今已是老朽无用了,内心的悲哀,只有啼叫着"不如归去"的杜鹃鸟才知道。

追往事,叹今吾,春风不染白髭须

【名句】

zhuī wǎng shì　tàn jīn wú　chūn fēng bù rǎn bái zī xū
追　往　事①,叹今吾②,春　风不染白髭须③。

【出典】

辛弃疾《鹧鸪天》。

【注释】

①追:回忆。
②今吾:今天的我。
③髭:嘴上边的胡子。

【译文】

追怀往事,感叹今我,春风也不能染黑花白的胡须。

【原作】

壮岁旌旗拥万夫,锦襜突骑渡江初。燕兵夜娖银胡䩮,汉箭朝飞金仆姑。追往事,叹今吾,春风不染白髭须。却将万字平戎策,换得东家种树书。

【作者小传】(见第4页)

故事

宋孝宗淳熙八年(1181),在辛弃疾42岁时,由于长年受到朝廷主和派的打击和排挤,被迫离开仕途。

他到信州铅山(今属江西省)的乡下闲居,一住就是二十年。岁月蹉跎,国仇未报,壮志难酬,辛弃疾渐近晚年了。他虽然在家栽花种树,但经常流露出悲愤的情绪。

一天,在铅山别墅里,他接见了一位青年时代的抗金战友。久别重逢,免不了感慨万端,那位朋友说:"想当年,你我驰骋沙场,横扫金房,何等气概!想不到罢官出朝,闲居僻野,都两鬓生霜了,怎不叫人嗟叹!"

辛弃疾用严峻的目光,向窗外望了望,愤怒地说:"中原沦陷已经六十多年,北方父老日夜仰望王师北伐,可是朝廷一味苟且偷安,竟向金人称臣纳币!"朋友说:"这真是我们民族的奇耻大辱。"

辛弃疾气愤地以手击桌,震得桌子上的酒杯泼出了酒:"这些误国害民的卖国贼,必将遗臭万年!"他和朋友畅叙多时,一吐为快。

辛弃疾送走老朋友,已是掌灯时候。他的心情万分激动,往事历历在目。顾不得书僮送来的热茶,坐在书桌旁,提起笔来,凝神构思写出了《鹧鸪天》词,"追往事,叹今吾,春风不染白髭须"就是这首词中的名句。

赏析

"追往事,叹今吾,春风不染白髭须。"这几句由回忆往事,转向描写现实,感叹自己的衰老,即使能使万物新生的春风,也无法使皤然白须变黑,淋漓尽致地把一腔悲愤倾吐出来,富有启发性和感染力,使读者愤然扼腕。

至今商女,时时犹唱,《后庭》遗曲

【名句】

zhì jīn shāng nǚ　shí shí yóu chàng　hòu tíng　yí qǔ
至今 商 女①,时时 犹 唱 ,《后庭》遗曲②。

【出典】

王安石《桂枝香·金陵怀古》。

【注释】

①商女:酒楼茶坊的歌女。
②《后庭》遗曲:指陈后主所作艳曲《玉树后庭花》。

【译文】

到了现在,那歌楼的女子,还把当年陈后主所作的那支《后庭花》唱了一遍又一遍。

【原作】

登临送目,正故国晚秋,天气初肃。千里澄江似练,翠峰如簇。归帆去棹残阳里,背西风酒旗斜矗。彩舟云淡,星河鹭起,画图难足。　念往昔,繁华竞逐。叹门外楼头,悲恨相续。千古凭高,对此谩嗟荣辱。六朝旧事随流水,但寒烟衰草凝绿。至今商女,时时犹唱,《后庭》遗曲。

【作者小传】(见第67页)

故事

有一天，王安石送走来做客的苏轼之后，一个人独坐在自己的半山园中想心事。

苏轼来他的半山园做客，谈得最多的是诗歌，而苏轼在当时的词坛上，又是大名鼎鼎的人物，这一点王安石是十分清楚的。可是，王安石一生做大官，在任何地方都自视很高，所以在诗词创作上也不想落在苏轼之后，他决心写出一首绝好的词来，把苏轼这位天才比下去。

于是，王安石那几天足不出户，静坐于半山园中，苦思冥想。这一天，他澄心静虑地坐了一会儿，他全身心都进入了创作的最佳状态，写出了《桂枝香》，"至今商女，时时犹唱，《后庭》遗曲"便是这首词中的名句。

赏析

"至今商女，时时犹唱，《后庭》遗曲。"这几句借杜牧《泊秦淮》诗意，来讽喻当朝统治者不吸取历史教训，指出当时虽号称太平盛世，但依然存在亡国之忧。它表达了作为一个政治革新家对现实的忧虑，表露出吊古伤今的深意，劝北宋统治者不要重蹈覆辙走上耽乐的老路。

中庭月色正清明，无数杨花过无影

【名句】

zhōng tíng yuè sè zhèng qīng míng　wú shù yáng huā guò wú yǐng
中　庭　月　色　正　清　明①，无　数　杨　花　过　无　影②。

【出典】

张先《木兰花》。

【注释】

①清明：清莹明亮。
②过无影：飞絮漫天，却极轻盈，不遮明月。

【译文】

庭院中，月色是那么清莹明亮，可数不尽的杨花飞絮飘过，竟留不下一点儿影子，只留下春的气息和淡淡的清香。

【原作】

龙头舴艋吴儿竞，笋柱秋千游女并。芳洲拾翠暮忘归，秀野踏青来不定。行云去后遥山暝，已放笙歌庭院静。中庭月色正清明，无数杨花过无影。

【作者小传】(见第146页)

在我国古代民间习俗中，百姓们都要过寒食节。寒食节是在清明节的前两天，据说是为纪念两千多年前的介子推。

从寒食节到清明节，是民间百姓进行踏青和扫墓的日子。在这几天里，人们都要收拾干净、打扮整齐去踏青，或是郊游，或是上山，迎接春的到来；扫墓虽不是让人喜悦的事情，但在思念前人的同时，对后人也是一种鼓励，使后人在春天时有一种向上的劲头，使一切欣欣向荣。在我国南方，还有在这时赛龙船、荡秋千的习俗。

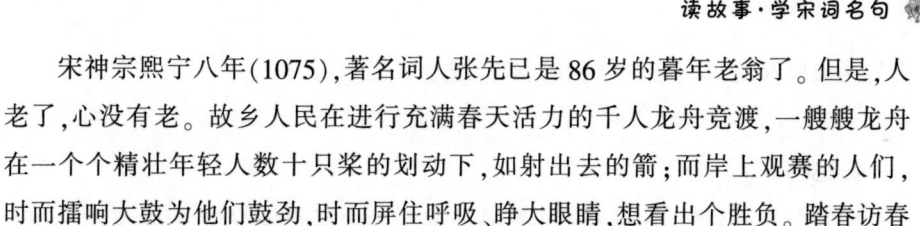

宋神宗熙宁八年(1075),著名词人张先已是86岁的暮年老翁了。但是,人老了,心没有老。故乡人民在进行充满春天活力的千人龙舟竞渡,一艘艘龙舟在一个个精壮年轻人数十只桨的划动下,如射出去的箭;而岸上观赛的人们,时而擂响大鼓为他们鼓劲,时而屏住呼吸、睁大眼睛,想看出个胜负。踏春访春的人们来来往往。在枝头,在草尖亮处展出春的各种姿态。

生机勃勃的家乡一派盎然的春意,这一切都深深地感动了老词人,于是他写下了这首洋溢着清新生命力的小词《木兰花》,"中庭月色正清明,无数杨花过无影",便是这首词中的名句。

赏析

"中庭月色正清明,无数杨花过无影。"这两句为后人所称颂,因为它表现了一种朦胧的美,具有超越时空的艺术魅力。朱彝尊《静志居诗话》说:"张子野(张先)吴兴寒食词'中庭月色正清明,无数杨花过无影',余尝叹其工绝,在世所传'三影'之上。"

知否,知否？应是绿肥红瘦

【名句】

zhī fǒu　zhī fǒu yīng shì lǜ féi hóng shòu
知 否①,知 否？应 是 绿肥 红　瘦②!

【出典】

李清照《如梦令》。

【注释】

①知否:你可知道。

②绿肥红瘦：绿，指叶子；红，指花，花少叶盛。

【译文】

你哪里知道？哎，你可知道？绿叶儿准是挺大挺肥，红花儿可怜又瘦又少。

【原作】

昨夜雨疏风骤。浓睡不消残酒。试问卷帘人，却道"海棠依旧"。知否，知否？应是绿肥红瘦！

【作者小传】（见第31页）

故事

略

赏析

"知否，知否？应是绿肥红瘦！"这几句衬托了女主人的细致入微、惜春爱花的情怀。其中，"绿肥红瘦"是精心挑选对立统一的形象词语。它用拟人手法，铸兴新之词，形容脑中浮现的景象和感受，最能体现作者的创造心力，炼字也可称甚精。